"十四五"时期国家重点出版物出版专项规划项目

★ 转型时代的中国财经战略论丛 ◢

报表附注结构
与个体投资者的判断

Notes Structure in Financial Statements and
Individual Investors' Judgments

韩冬梅 著

中国财经出版传媒集团

经济科学出版社
Economic Science Press

图书在版编目（CIP）数据

报表附注结构与个体投资者的判断/韩冬梅著 . －－
北京：经济科学出版社，2022. 11
（转型时代的中国财经战略论丛）
ISBN 978 - 7 - 5218 - 4336 - 1

Ⅰ. ①报…　Ⅱ. ①韩…　Ⅲ. ①会计报表 - 研究 - 中国
②投资 - 研究 - 中国　Ⅳ. ①F231. 5②F832. 48

中国版本图书馆 CIP 数据核字（2022）第 219703 号

责任编辑：于　源　郑诗南
责任校对：刘　昕
责任印制：范　艳

报表附注结构与个体投资者的判断
韩冬梅　著
经济科学出版社出版、发行　新华书店经销
社址：北京市海淀区阜成路甲 28 号　邮编：100142
总编部电话：010 - 88191217　发行部电话：010 - 88191522
网址：www. esp. com. cn
电子邮箱：esp@ esp. com. cn
天猫网店：经济科学出版社旗舰店
网址：http：//jjkxcbs. tmall. com
北京季蜂印刷有限公司印装
710 × 1000　16 开　13 印张　210000 字
2022 年 11 月第 1 版　2022 年 11 月第 1 次印刷
ISBN 978 - 7 - 5218 - 4336 - 1　定价：56. 00 元
（图书出现印装问题，本社负责调换。电话：010 - 88191510）
（版权所有　侵权必究　打击盗版　举报热线：010 - 88191661
QQ：2242791300　营销中心电话：010 - 88191537
电子邮箱：dbts@ esp. com. cn）

总　序

转型时代的中国财经战略论丛

　　"转型时代的中国财经战略论丛"是山东财经大学与经济科学出版社在"十三五"系列学术著作的基础上，在"十四五"期间继续合作推出的系列学术著作，属于"'十四五'时期国家重点出版物出版专项规划项目"。

　　自 2016 年起，山东财经大学就开始资助该系列学术著作的出版，至今已走过 6 个春秋，期间共资助出版了 122 部学术著作。这些著作的选题绝大部分隶属于经济学和管理学范畴，同时也涉及法学、艺术学、文学、教育学和理学等领域，有力地推动了我校经济学、管理学和其他学科门类的发展，促进了我校科学研究事业的进一步繁荣发展。

　　山东财经大学是财政部、教育部和山东省人民政府共同建设的高校，2011 年由原山东经济学院和原山东财政学院合并筹建，2012 年正式揭牌成立。学校现有专任教师 1690 人，其中教授 261 人、副教授 625 人。专任教师中具有博士学位的 982 人，其中入选青年长江学者 3 人、国家"万人计划"等国家级人才 11 人、全国五一劳动奖章获得者 1 人，"泰山学者"工程等省级人才 28 人，入选教育部教学指导委员会委员 8 人、全国优秀教师 16 人、省级教学名师 20 人。近年来，学校紧紧围绕建设全国一流财经特色名校的战略目标，以稳规模、优结构、提质量、强特色为主线，不断深化改革创新，整体学科实力跻身全国财经高校前列，经管类学科竞争力居省属高校首位。学校现拥有一级学科博士点 4 个，一级学科硕士点 11 个，硕士专业学位类别 20 个，博士后科研流动站 1 个。在全国第四轮学科评估中，应用经济学、工商管理获 B＋，管理科学与工程、公共管理获 B－，B＋以上学科数位居省属高校前三甲，学科实力进入全国财经高校前十。2016 年以来，学校聚焦内涵式发展，全面实施了科研强校战略，取得了可喜成绩。获批国家级课题项目241项，教育部及其他省部级课题项目390项，承担各级各类横向课题445项；教师共发表高水平学术论文3700余篇，出版著作323部。同时，新增了山东省重点实验室、山东省重点新型智库、山东省社科理论重点研究基地、山东省协同创新中心、山东省工程技术研究中心、山东省两化融合促进中心等科研平台。学校的发展为教师从事科学研究提供了广阔的平台，创造了更加好的学术生态。

"十四五"时期是我国由全面建成小康社会向基本实现社会主义现代化迈进的关键时期，也是我校合校以来第二个十年的跃升发展期。今年党的二十大的胜利召开为学校高质量发展指明了新的方向，建校70周年暨合并建校10周年校庆也为学校内涵式发展注入了新的活力。作为"十四五"时期国家重点出版物出版专项规划项目，"转型时代的中国财经战略论丛"将继续坚持以马克思列宁主义、毛泽东思想、邓小平理论、"三个代表"重要思想、科学发展观、习近平新时代中国特色社会主义思想为指导，结合《中共中央关于制定国民经济和社会发展第十四个五年规划和二〇三五年远景目标的建议》以及党的二十大精神，将国家"十四五"期间重大财经战略作为重点选题，积极开展基础研究和应用研究。

"十四五"时期的"转型时代的中国财经战略论丛"将进一步体现鲜明的时代特征、问题导向和创新意识，着力推出反映我校学术前沿水平、体现相关领域高水准的创新性成果，更好地服务我校一流学科和高水平大学建设，展现我校财经特色名校工程建设成效。通过向广大教师提供进一步的出版资助，鼓励我校广大教师潜心治学，扎实研究，在基础研究上密切跟踪国内外学术发展和学科建设的前沿与动态，着力推进学科体系、学术体系和话语体系建设与创新；在应用研究上立足党和国家事业发展需要，聚焦经济社会发展中的全局性、战略性和前瞻性的重大理论与实践问题，力求提出一些具有现实性、针对性和较强参考价值的思路和对策。

山东财经大学校长

2022 年 10 月 28 日

前　言

财务报告作为资本市场上公司与投资者之间的重要沟通工具，通过传递公司的财务状况、经营业绩等财务信息帮助投资者作出恰当的投资决策。但目前大多数投资者认为财务报告的沟通效果差，尤其是财务报告的附注披露存在许多问题：样板化的附注结构和内容、过多的无关信息、特定事项或交易的信息分散导致使用者难以理解等。为了解决这些披露问题，IASB 和 FASB 等准则制定机构先后发布修订披露准则的征求意见稿，旨在改进附注的相关规定，提高附注信息的质量。在此背景下，本书基于心理学理论，使用实验研究方法考察附注结构、投资者的报表项目熟悉度和投资者类型对个体投资者的投资判断的影响。具体从以下七个章节展开论述：

第一章介绍研究背景，提出本书的研究问题和研究意义，构建本书的研究框架，指出本研究可能的创新点；第二章界定本书涉及的主要概念，梳理和评述附注披露信息、信息列报形式影响个体的判断与决策、不同类型的投资者与投资者判断以及熟悉度影响个体判断与决策的相关文献；第三章介绍了制度背景和基础理论；第四章运用有限注意力理论、认知负荷理论、接近兼容原则、时间解释理论等心理学理论，分析附注结构对投资者感知的决策相关性、投资风险和判断的投资吸引力的影响，以及附注结构、投资者的报表项目熟悉度和投资者类型对投资者判断的共同影响，并形成相关的假设；第五章主要介绍本研究的实验设计、实验被试、自变量的操控和因变量的测度以及实验过程；第六章统计分析实验数据，检验本研究的假设；第七章总结本研究得出的结论，指出本研究存在的局限性和可能的未来研究方向。得出的主要结论如下：

（1）实验结果表明，不同附注结构影响了投资者对附注信息的决策相关性的感知。具体而言，与现行按照报表项目分散披露的附注结构相比，对按照报表项目集中披露的附注结构，投资者感知的决策相关性更高；与按照报表项目集中披露的附注结构相比，对按照报表项目集中及重要性披露的附注结构，投资者感知的决策相关性更高。总之，改进后的集中披露附注结构会让投资者感知到附注信息与决策更相关。

（2）实验结果表明，不同附注结构会影响投资者对公司投资风险和投资吸引力的判断。具体而言，与现行按照报表项目分散披露的附注结构相比，在报表项目集中披露的附注结构和按照报表项目集中及重要性披露的附注结构下，投资者感知的投资风险更低，判断的投资吸引力更高。

（3）实验结果表明，附注结构、投资者的报表项目熟悉度和投资者类型三者共同影响了投资者判断。具体而言，对短期投资者来说，在不熟悉的报表项目下，其感知的投资风险，在现行按照报表项目分散披露的附注结构下最高，在按照报表项目集中及重要性披露的附注结构下最低，在按照报表项目集中披露的附注结构下介于两者之间；与之相反，其判断的投资吸引力，在现行按照报表项目分散披露的附注结构下最低，在按照报表项目集中及重要性披露的附注结构下最高，在按照报表项目集中披露的附注结构下介于两者之间。在熟悉的报表项目下，在上述三种附注结构下，短期投资者对投资风险的感知和投资吸引力的判断没有显著差异。

对长期投资者来说，无论投资者对报表项目的熟悉程度如何，在现行按照报表项目分散披露的附注结构、按照报表项目集中披露的附注结构和按照报表项目集中及重要性披露的附注结构这三种情况下，投资者感知的投资风险和判断的投资吸引力均没有显著差异，也就是说，长期投资者在作出投资判断时没有受到附注结构的影响。

（4）实验结果表明，短期投资者作出投资判断的具体路径是，投资者感知的价值未来变动可能性中介了附注结构与投资者感知的投资风险之间的关系；投资者感知的投资风险中介了投资者感知的价值未来变动可能性与投资者判断的投资吸引力之间的关系。

相比以前的研究文献，本书在以下几个方面有所贡献和创新，具体论述如下：

（1）运用心理学理论中的有限注意力、认知负荷、接近兼容原则和时间解释等理论，分析了三种不同的附注结构（按照报表项目分散披露、按照报表项目集中披露、按照报表项目集中及重要性披露）、投资者的报表项目熟悉度和投资者类型三个因素，对投资者投资判断的影响，以及投资者投资判断的过程。

（2）实验检验了三种不同的附注结构对投资者判断的影响。具体而言，就是检验了与现行按照报表项目分散披露的附注结构相比，修订后按照报表项目集中披露、按照报表项目集中及重要性披露的附注结构，是否会提高投资者感知的决策相关性，是否会影响投资者感知的投资风险和判断的投资吸引力，为 IASB 以及我国准则制定部门提供改进准则有效性的事先证据。以往的文献尚未就此问题进行研究。

（3）实验检验了三种不同的附注结构、投资者的报表项目熟悉度和投资者类型对投资者投资判断的共同影响。具体而言，根据投资期限把投资者区分为长期投资者和短期投资者，在这两类投资者下检验三种附注结构、投资者的报表项目熟悉度与投资者投资判断之间的关系是否存在差异，即投资者类型是否进一步调节了三种附注结构、投资者的报表项目熟悉度与投资者投资判断之间的关系。在以往的文献中，尚未就此进行研究。

（4）利用实验对附注结构影响投资者判断的具体过程进行了检验。具体地说，检验了投资者感知的价值未来变动可能性和投资风险的大小，是否中介了不同附注结构对投资者投资判断的影响，为深入了解个体投资者作出投资判断的具体机理提供实验证据。

尽管本书通过实验方法检验附注结构、投资者的报表项目熟悉度和投资者类型对投资者判断的影响，提供了一些对附注披露制度有帮助的见解。然而，出于各种原因，在研究过程中还存在一些不足和局限，比如未考虑收益信息的披露、仅涉及附注中两类项目的披露、仅从投资期限的角度分析投资者的判断与决策行为；另外，本书只探讨了附注披露规定的修订对投资者的投资判断的影响，没有考虑公司管理层、报表编制者面临分散披露的附注结构和改进后集中披露的附注结构，将会如何作出披露选择；也没有考虑改进的附注结构对信息中介，比如分析师、审计师的影响。这些研究不足都可以成为未来进一步研究的方向。

本书从大纲的制定到成书得到了南开大学商学院张继勋教授的精心

指导，本书的写作和出版得到了经济科学出版社的领导和编辑的大力支持，在此，向他们表示诚挚的谢意！

本书是作者在吸收国内外大量书籍和研究文献的基础上，针对该主题深入研究多年的成果，但限于作者的水平和时间，书中一定还存在诸多不足乃至错误，欢迎各位同行、读者批评指正。

编　者

2022 年 10 月 6 日

目　录

2

第1章 绪 论

资本市场重要的功能之一是融资。资本市场中的上市公司通过各种方式的信息披露向市场传递自身盈利能力和财务状况的信号,吸引利益相关者尤其是投资者的资金流入,从而实现上市公司在资本市场上的融资。由此可见,公司信息披露对于资本市场的有效运作是至关重要的,是资本市场发展的基本保障和动力源泉。上市公司主要通过财务报告,包括财务报表、附注、管理层讨论与分析(MD&A)和监管部门要求披露的其他文件等途径进行信息披露。此外,公司还会自愿披露一些信息,如通过管理层预测、电话会议、新闻发布、网络披露等。不同渠道的海量信息给投资者搜寻和处理信息带来沉重的负担,使其很难以同样的精力对待每一个信息来源,例如,尽管报表附注会提供详细的、与决策相关的信息,但投资者往往不会给予足够的重视,这是不利于投资者作出恰当的判断与决策的。即使投资者注意到了报表附注信息,但报表附注本身提供的信息也是纷繁芜杂的。最近,有关财务报告中附注披露的批评日益频繁,例如附注结构样板化,没有提供与决策相关的信息;特定事项或交易的信息分散,很难关联地考虑,使用者理解起来有困难;在附注中无法识别最相关的信息等。

针对上述问题,国际会计准则理事会(International Accounting Standards Board,IASB)与美国会计准则委员会(Financial Accounting Standards Board,FASB)提出了改进附注结构的建议,即将附注中某些特定事项或相关的项目集中披露,对于有些项目要考虑其相对重要性优先披露,以增加报表附注的可理解性和决策有用性。那么,这些关于报表附注结构的修订是否会影响投资者对报表信息的理解,增加附注信息的相关性与有用性,促进投资者了解报表中的资产负债项目及其价值变动大小给企业带来的风险影响,帮助投资者作出恰当的投资判断,将是本书研究的主要问题。

1.1 研究背景与研究意义

财务报告过程涉及会计界、监管机构和市场之间极其复杂的关系。监管机构或会计职业团体认为财务报告目前的问题是信息过载，现有的信息披露数量让报表使用者感觉更混乱而不是更容易了解财务报告。与之相反，市场认为尽管个体可能感觉信息过载，但仍会对披露更多的信息作出积极反应，应该增加信息披露。各方关于财务报告如何进行披露的争议一直没有停止过，国际会计准则制定机构、美国准则制定机构以及欧洲准则制定机构针对这些争议也不断地对信息披露进行改进。不管怎么改进，正如 IASB（2010）的财务概念框架（Conceptual Framework for Financial Reporting）强调的，财务报告的基本目标是向现有的和潜在的投资者提供与报告主体有关的有用信息，帮助他们作出恰当的投资决策。

1.1.1 研究背景

财务报表附注是对在资产负债表、利润表、现金流量表和所有者权益变动表等报表中列示项目的文字描述或详细解释资料，以及对未能在这些报表中列示项目的说明，是对会计报表所做的补充①。附注信息是否真正发挥了解释、补充主要财务报表等作用，一直是国内外准则制定者和报表使用者关注的问题。从目前来看，IASB 与 FASB 等准则制定机构都在为改进附注披露努力。

1. IASB 关于报表附注的改进

国际会计准则理事会（IASB）在 2001 年启用并沿用至今的《国际会计准则第 1 号——财务报表列报》（IAS 1 Presentation of Financial Statements）在第 112 段至第 138 段规定了附注结构及包括的内容：主体通常在附注中披露资产负债表、综合收益表、单独的收益表（如果列报的话）、权益变动表和现金流量表中列报项目的支持信息，按列报的各单列项目和财务报表的顺序列示。在此规定后，执行国际会计准则或

---

① 该定义来源于中国《企业会计准则第 30 号——财务报表列报》（2014 年修订）。

与国际准则趋同的国家的企业主体都采用该顺序列报附注，导致附注出现统一标准、样板化的局面，没有根据经济环境、行业特征和企业自身特点进行差异化的披露，不能灵活地传递企业的特定信息。在IASB2011年的议程咨询中，许多被调查对象要求IASB重新审查国际财务报告准则（International Financial Reporting Standards，IFRS）中有关披露的规定，想办法改进披露框架，以确保向投资者提供更相关的信息。因此，在2012年IASB重新启动概念框架（Conceptual Framework）的修订工作时，重点强调的主题之一就是披露的修订。

2012年12月IASB发起了一项意在了解存在哪些披露问题的调查，调查对象主要是报表编制者和使用者（包括投资者、分析师等）。调查收到233份有效回答，80%的被调查对象认为披露存在问题，这些问题大部分与财务报告有关。对使用者而言，主要的问题是缺乏充分的相关信息，并且，报表作为重要的沟通工具，沟通效果差。例如，大多数使用者明确表达他们不愿意看到在整份年报中相同信息的不必要重复，重复不仅导致报表信息的杂乱，还给识别各报表的差异及确定这些差异是否有意义，增加了额外的工作量。另外，使用者认为在报表披露中缺乏关联和明确的标识也是影响沟通效果的关键问题。

在此基础上，2013年IASB举行了一场关于财务报告披露的论坛（Discussion Forum—Financial Reporting Disclosure Feedback Statement）。论坛的目的是帮助使用者、编制者等相关利益方明确披露存在哪些问题和引起这些问题的原因，以及在现行的披露规定内如何解决这些问题。论坛中报表使用者的代表认为使用者需要更相关、更具体、更重要的信息，财务报告应该向使用者传递企业特定的重要信息。此外，论坛参与者认为，之所以存在披露过多无关信息的问题，是因为不合理的财务报告结构、信息重复披露和为满足强制披露要求导致的样板化披露所造成的。总之，不管是回应IASB调查的投资者还是论坛的参与者都认为目前的财务报告披露是杂乱的、重复的，很难把相关信息联系在一起。他们认为IAS1的第114段给出的附注列示顺序是标准（normal）顺序，这种观点使得主体在编报附注时都参照这个标准，很难按照报表项目的重要性或者在附注的核心部分将相关信息放在一起列报。但在论坛上，发现有一小部分主体打破了这种模板化列报形式，其中一种形式是把综合收益表和资产负债表中同一主题的附注说明合并列报，还有一种形式是按照主体判定的报表项目重要性的大小分类列报附注说明信息，这些例外的列报方式都得到了市场的认可。根据当前附注披露的不足和新兴附注形式的出现，参与论坛的代表一致认为财务报告需要朝着向投资者讲述一个关于企业的完整故事的方向改进①。正如 IASB 主席胡格沃斯特（Hans Hoogervorst）在 IFRS 基金会上所言，要打破附注的样板化模式，要给予企业灵活性，让企业更容易地、以更富有逻辑和整体性的方式传达信息。

在这些工作的基础上，IASB 启动披露动议（Disclosure Initiative），包含一系列旨在改善财务信息披露的项目，其中一个项目是修订《国际会计准则第 1 号——财务报表列报》，并于 2014 年发布《披露动议——对〈国际会计准则第 1 号〉的修订（征求意见稿）》（Disclosure Initiative：Proposed Amendments to IAS 1 Exposure Draft）。该征求意见稿提出了附注结构的改变，要求主体应尽可能按系统的方式列报附注，并在确定系统方式时，考虑财务报表的可理解性和可比性。此外还提出，当主体确定附注的系统列报方式时，不一定按照《国际会计准则第 1 号》第 114 段要求的顺序，即按照报表项目在报表里列示的顺序。也可以按照如下方式确定附注的顺序：突出披露那些对理解主体财务状况或财务业绩更相关的信息，或者使某些披露之间的关系更易于理解。例如，主体可能将关于金融工具的所有信息放在一起披露，比如关于在资产负债表里确认的公允价值、损益表中确认的公允价值变动的披露以及这些金融工具的到期日等的披露。按这种方式分类在附注中披露，可以使披露的信息之间的关系更清晰。此外，这些分类披露放在财务报表的什么位置，取决于主体如何看待金融工具对其财务状况或财务业绩的相对重要性。

截至 2014 年 9 月，IASB 收到来自 100 多个国家和地区的 118 份反馈意见，大部分支持附注结构的改革。在 2014 年 12 月 18 日 IASB 发布《披露动议——对〈国际会计准则第 1 号〉的修订（最终稿）》。该修订稿进一步澄清《征求意见稿》的提议，明确附注结构的列示应该按照系统的方式，例如，附注的结构应以这样的方式出现——强调更相关的信息或者突出部分披露之间的关系。具体而言，把与特定活动相关的信息集中披露，或者把使用类似计量方法的报表项目集中披露，比如以公

---

① IASB 2013 年 5 月《Discussion Forum—Financial Reporting Disclosure Feedback Statement》："What seems clear is that preparers and investors agree that financial reports are an important communication tool. Preparers want to tell their story and investors want to hear that story."

允价值计量的资产；也可以按照资产负债表、损益表等主报表中项目的排列顺序安排附注的结构。

2. FASB 关于报表附注的改进

2009 年 7 月 FASB 启动披露框架项目（Disclosure Framework），主要目标是通过要求报告主体传递对每一个主体的财务报表使用者来说最重要的信息，减少冗余信息的披露，改善财务报表附注披露的效果，使附注披露的信息更有效、更协调。该项目得到了投资者咨询委员会（Investor Advisory Committee，IAC）和证券交易委员会（Security and Exchange Commission，SEC）的回应和支持。FASB 的主要咨询小组——财务会计准则委员会（Financial Accounting Standards Advisory Committee，FASAC）针对财务报表编制者和使用者做了一个调查，让这些被调查对象把 100 分的分值分配给他们认为 FASB 应该在未来 3～5 年内提上日程解决的项目。分值越高表示该项目对于 FASB 来说越紧急，需要尽快解决。83% 的被调查对象完成了此项调查，共收回 105 份回答。表 1.1 列出了前十名的回答，由此可以看出使用者和编制者要求对披露框架进行修订的呼声最高。

表 1.1　　　　　　　　　　　FASAC 调查结果

序号	项目（project）	分值	%
1	披露框架（Disclosure Framework）	1282	15
2	金融工具会计：套期保值（Accounting for Financial Instruments：Hedging）	1064	13
3	概念框架（Conceptual Framework）	711	9
4	权益金融工具（Financial instruments with Characteristics of Equity）	590	7
5	养老金（Pensions）	538	6
6	财务报表列报（Financial Statement Presentation）	538	6
7	金融工具会计：流动性和利率披露（Accounting for Financial Instruments：Liquidity and interest rate disclosures）	393	5
8	无形资产（确认、初始计量和摊销）（Intangible Assets（recognition，initial measurement，and amortization））	329	4
9	非盈利财务报告：财务报表（Not-for-Profit Financial Reporting：Financial Statements）	296	4
10	所得税（Income Taxes）	293	3

资料来源：www. fasb. org。

2012 年 7 月 FASB 发布《披露框架的征求意见稿》（Invitation to Comment：Disclosure Framework），其中第五章是附注的形式与结构（Chapter 5—Format and Organization）。它指出清晰、简洁和结构有条理的附注会显著提高使用者查找和理解他们所需要信息的能力。但目前的附注结构无法达到上述要求，存在很多不足，受到多方质疑。例如，一些密切相关事项的信息通常不是被包括在同一个附注中或者连续的附注中；关于特定资产、负债、收入或费用的披露有时候被分散在不同的附注里；附注的顺序并不总是合乎逻辑；附注的顺序没有给出该信息相关性的任何提示。针对这些不足，FASB 建议一个可行的改进就是集中披露相关信息。例如，公允价值的披露可以在以公允价值计量的报表项目的附注里出现，而不是独立地分散在多个附注里。该征求意见稿收到 84 份反馈意见，FASB 在考虑和吸收了这些征求意见后，在 2014 年 3 月发布《财务概念框架——第 8 章财务报表附注》（Conceptual Framework for Financial Reporting—Chapter 8：Notes to Financial Statements）的征求意见稿，指出财务报表表内项目的描述和金额传递的信息通常不能给予使用者足够的信息帮助他们决策，报表附注提供有关表内项目的具体信息以详细阐述或进一步解释财务报表，再次明确附注的作用和应该披露的内容。

3. 欧洲国家关于报表附注的改进

欧洲财务报告咨询小组（European Financial Reporting Advisory Group，EFRAG）认为财务报表附注变得笨重、不实用已成为共识，对于附注改进的讨论不能停留在通过改变披露信息多少来提高附注信息质量，而是要更加全面地反思它。随后，EFRAG 与法国会计准则委员会（Français Autorité des Normes Comptables，ANC）、英国财务报告委员会（UK Financial Reporting Council，FRC）联合启动披露框架项目，目标是确保所有相关信息而且只有相关信息被包括在附注中，并于 2012 年 7 月联合发布讨论稿《关于附注的披露框架》（Towards a Disclosure Framework for the Notes）。该讨论稿指出要澄清附注的目标，建立识别什么信息应该包括在附注中的指导原则，明确实现有效沟通必须具备的特征等。从对这些问题的回应来看，发布该讨论稿的行动是非常必要的，建立披露框架是解决附注问题的恰当方法，需要在更宽广的财务报告的情境下考虑附注的改进。

4. 我国关于报表附注的规定

2014 年我国新修订的《企业会计准则第 30 号——财务报表列报》规定财务报表至少应当包括资产负债表、利润表、现金流量表、所有者权益（或股东权益）变动表和附注五个组成部分，并且上述组成部分具有同等的重要程度。其中第六章附注部分指出，附注一般应当按照资产负债表、利润表、现金流量表、所有者权益变动表及其项目列示的顺序，对报表重要项目的说明采用文字和数字描述相结合的方式进行披露。我国证监会发布的《公开发行证券的公司信息披露编报规则第 15 号——财务报告的一般规定》中也要求上市公司按照资产负债表等主报表及其项目列示的顺序编排附注结构。尽管我国会计准则机构和其他监管机构为了使财务报表附注更加完整和规范，不断对其披露进行完善，但目前我国上市公司在编报财务报表附注过程中仍存在一些问题，比如为了有利于比较各公司之间的业绩，附注披露过于看重信息可比性，所有公司都按照准则建议的统一形式和内容，忽略了行业特征和公司的特点，没有个性化的信息，对使用者的决策没有增量作用。另外，由于刻板地按照相关规定披露又导致内容重复、冗余，信息过载使得使用者在投资决策过程中对附注信息的利用不充分。

7

1.1.2　问题的提出

会计报表是由会计专业人员使用专业术语对企业经济活动的描述，非专业人员理解起来可能有一定的困难，例如，非职业投资者在利用报表信息进行投资决策时可能就面临这种情况，可能无法准确地理解会计报表传递的信息。财务报表附注作为会计报表的补充，是对报表中每一个项目的详细解释和说明，是能够帮助报表使用者更好地理解会计报表的。但是，目前国内外关于报表附注的规定都只给出了一种列报标准，导致企业披露的附注格式统一、内容一致，而且披露内容日益增加的同时有用信息却没有同比率增长。也就是说，目前的附注仅仅是合规文件，而不是资本市场上投资者与上市公司之间的重要沟通工具。这也导致投资者不重视附注信息，认为过量的附注信息难以理解，并且没有提供决策相关的信息。因此，IASB 与 FASB 等准则制定机构都着手附注的改革，试图增加附注披露的灵活性，提高其可理解性和有用性。

随着金融工具的不断创新和广泛应用，人们越来越重视金融工具的会计核算和列报问题。为了解决这些问题，近十几年来，国际上各准则制定机构相继发布众多有关规范金融工具的会计准则。然而，实务界和学术界仍然将安然等财务丑闻事件的发生和 2008 年全球金融危机的爆发归咎于金融工具带来的波动以及会计规范对金融工具披露要求的不足。随着我国资本市场的逐步开放和市场经济的发展，金融工具发展势头迅猛，并逐步进入各行各业，仅就非金融业来说，2007～2010 年四年间，可供出售金融资产持有利得（持有损失）的每股均值达到了 0.262 元/股（0.168 元/股）（徐经长和曾雪云，2013）。企业如何让投资者更好地了解金融工具及其公允价值变动对企业财务状况、盈利以及风险的影响，已成为迫切需要解决的问题。在报表附注中将金融工具相关项目集中披露可能有利于解决这个问题。而相对于金融工具这些复杂的项目，对于一些比较常见的、业务处理已经成熟的报表项目，比如存货，在附注中以不同方式披露，是否会有不同的影响呢？

在此背景下，本书考察在不同的附注结构和不同熟悉程度的报表项目下，不同类型的个体投资者能否识别价值变动带来的风险大小，并做出不同的投资判断与决策，以及投资者做出这些判断的内在机制。

具体而言，本书拟提出以下几个研究问题：

（1）不同的附注结构是否会影响投资者的投资判断，具体地说，相对于现行准则对附注的规定，拟改进的附注结构，是否会影响投资者的判断？

（2）从投资者持有期限的角度，投资者可分为长期投资者和短期投资者两类，同时，投资者对不同会计报表项目的熟悉度是不同的。那么，投资者对会计报表项目的熟悉度、投资者的上述类型和不同的附注结构是否共同影响了投资者的投资判断？

（3）附注结构、投资者的报表项目熟悉度和投资者类型是如何影响投资者投资判断的，即影响的内在机理是什么？具体而言，哪些中介变量中介了上述三者对投资者投资判断的影响。

1.1.3 研究意义

本书拟采用实验研究方法，研究改进后的附注结构对投资者投资判断的影响。财务报表附注的功能是披露一些报表没有详细说明或者无法列示的会计项目或事项，帮助报表使用者全面了解企业的财务状况和经营成果，促进使用者作出恰当的判断。但是，从目前附注的使用情况看，由于附注结构的样板化，该功能并未充分实现。基于这种情况，准则制定者修订了有关附注披露的准则，那么修订准则的实施能否解决上述问题，能否达到准则制定者的预期，是迫切需要检验的问题。因此，本书的研究具有重要的理论和实践意义，具体体现在以下几个方面：

1. 为准则制定者提供有价值的证据，促进会计信息披露质量的提高

报表附注信息是财务报告中与主报表同等重要的组成部分，对投资者作出合理的风险判断、恰当的投资决策具有重要意义（De Franco G et al.，2011）。IASB 和 FASB 等会计准则制定机构通过对报表编制者、投资者、信息中介等相关利益方的调查，发现目前样板化的报表附注饱受诟病，无法满足信息使用者的需求，因此他们着手对附注的相关规定进行修订。本书正是出于验证 IASB 等会计准则制定机构提议修订的附注准则的实施效果的目的，研究和检验了不同的附注结构对投资者判断的影响；结果发现改进的附注结构能够赋予企业更多的灵活性，增加附注信息的可理解性，提高附注信息的有效性，为准则制定机构的政策改进提供了有价值的证据。进一步地说，政策的完善为规范上市公司的信息披露、提高信息披露质量提供标准，使投资者更全面、更容易地获取相关信息，做出恰当的投资判断，对推动资本市场的完善和发展有重要意义。

2. 借助心理学理论丰富和扩展会计理论

传统经济学理论认为资本市场是有效的，有效的资本市场完全反映了全部的公开和私人信息，即使是没有经验的投资者也能够受到市场信息有效性的保护，任何投资策略都不可能获取超过与风险对等的额外收益（Fama，1970）。然而，有效市场假说没有持续太长时间，就有研究提供了与有效市场不一致的证据，发现市场存在异象（Schwert，2001；Kothari，2001）。随着股市存在异象的证据被接受，行为金融基于有限理性人假设和心理学理论开始预测和解释股市上的行为，认为股价会偏离基本价值部分是因为投资者不是完全理性的，投资者在市场上会出现系统性的行为偏差（Barberis and Thaler，2003；Kothari et al.，2001）。

9

之后，实验研究的学者借助心理学中的认知理论、判断与决策理论（Judgment and Decision Making）来解释投资者的这些非理性行为（Libby et al.，2002）。这些研究发现，个体在加工信息时希望付出较少的认知努力，因而信息表达方式、列示形式、列示位置等外部特征会影响个体的判断与决策（Hogarth，1993）。本书拟运用心理学理论中的有限注意力、认知负荷、接近兼容原则和时间解释理论来分析附注结构、投资者的报表项目熟悉度和投资者类型对投资者的风险感知和投资判断的共同影响，以及投资者作出投资判断的过程。

由于有限的注意力和繁重的认知负担，投资者从按会计报表项目分散披露的附注中获取有益信息的困难比较大，作出恰当的投资判断的可能性也比较小。但是，将会计报表项目信息集中披露在附注中后，相关的信息会更接近，减轻了投资者的认知负荷，让投资者不被过多的无关信息干扰，投资者可以把有限的注意力集中到与决策相关的信息上，而且加工信息也更容易，因而可以作出恰当的判断与决策。时间解释理论认为，时间距离越大，个体越容易根据主要的、概括性特征来解释行为；时间距离越小，个体越容易根据次要的、具体特征来解释行为。因此，长期投资者只关注价值变动损益，不会受到信息呈现形式——附注结构的影响；而短期投资者会关注关于价值变动的全部细节信息，因而会受到不同附注结构的影响，进而影响其获取、加工信息，最终影响其投资判断。通过这些分析，本书将心理学理论运用到投资者获取信息、加工信息的过程中，不仅有助于深入理解和探究投资者的判断和决策过程，而且通过心理学与会计学领域的交叉研究，丰富和扩展了现有的会计理论。

3. 深入了解个体投资者作出投资判断的过程

个体投资者是有别于机构投资者的一类投资者，又称为非职业投资者。尽管有大量会计文献研究了职业投资者和分析师的预期和偏好，以及在此基础上分析他们的投资判断与决策，但非职业投资者具有与职业投资者不同的特征，比如投资知识和经验不足，信息搜索和加工能力较弱等。这些差异促使我们需要专门针对非职业投资者进行研究，剖析他们如何做出判断与决策。而且，非职业（个体）投资者是参与资本市场的重要群体，了解个体投资者如何作出判断具有重要意义。个体投资者是美国股票市场参与者的一个重要组成部分（Frederickson and Miller，

2004）。统计数据显示，美国大约有 4100 万个体投资者直接参与股票市场（Securities Industry Association，2002），持有的股票市值大约占整个资本市场流通市值的 1/3（Bogle，2005；Elliot et al.，2007）。因此，SEC 明确表示，通过充分披露来保持个体投资者参与美国金融市场的信心和意愿是非常必要的（Levitt，1998）。

我国自 20 世纪 90 年代建立证券市场，从有统计数据的 1993 年来看，A 股市场上个人投资者数量是 830 多万，占 A 股市场投资者总人数的 99.71%，到 2014 年个人投资者增加至 18970.23 万人，占 A 股市场投资者总人数的 99.96%，仍然是 A 股市场的主要投资者[①]。根据中国证券登记结算有限责任公司的最新统计数据显示[②]，截至 2015 年 5 月，自然人投资者持有账户数 21241.03 万户，占 A 股总账户的 99.65%；自然人投资者数量 8501.48 万，占 A 股账户投资者总人数的 99.83%；自然人投资者持有的股票市值仅占 A 股流通市值的 27%，但其交易量却占整个股票交易量的 80%（陈磊和葛永波，2019）。这些数据表明我国的 A 股市场是典型的散户市场，拥有全球数量最多、最活跃的个体投资者群体。本书检验不同的附注结构、投资者的报表项目熟悉度和投资者类型对个体投资者判断的影响，并使用中介效应分析挖掘中介变量，探索个体投资者作出投资判断的具体认知过程，对全面洞察和分析个体投资者在投资判断和决策中的信息加工过程具有重要意义。

1.2 研究内容与研究方法

1.2.1 研究内容

基于本书的研究问题，附注结构、投资者的报表项目熟悉度与投资者类型如何共同影响个体投资者的判断，本书的整体框架如图 1.1 所示。根据此研究框架展开论述，主要内容包括七个部分，具体安排是：

---

① 该数据由笔者根据中国证券登记结算有限责任公司发布的 2003 年至 2014 年统计年报整理所得。
② 该数据来自中国证券登记结算有限责任公司发布的 2015 年 5 月统计月报。

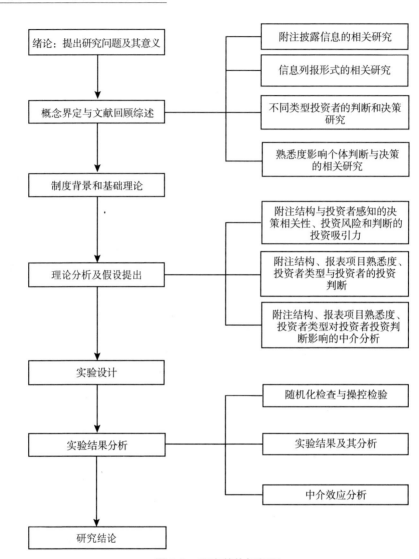

图 1.1　研究整体框架图

　　第一章，绪论。在这个部分介绍了 IASB 和 FASB 等会计准则制定机构对附注持续改进的背景，分析了当前与附注相关的会计准则的实施情况，提出本书的研究问题，并论述了研究该问题的理论意义与实践意义。然后，根据研究问题，构建了本书的研究框架，指出了本研究可能的创新点。

第二章，概念界定与文献综述。首先，界定了本书涉及的关键词的概念，为后面的文献整理和理论分析奠定基础。其次，梳理了目前使用档案研究方法和实验研究方法对附注披露信息进行研究的文献，接着从分项的程度、列报位置两个方面总结了信息列报形式影响个体判断与决策的文献，然后综述了不同类型的投资者与投资判断与决策的文献。最后，回顾了熟悉度影响个体判断与决策的相关文献，并识别了现有文献的不足和可待研究的视角。

第三章，制度背景和理论基础。先介绍了会计准则中报表附注披露的相关改进，论述了目前报表附注披露的情况，接着详细论述了研究问题涉及的基础理论。

第四章，附注结构、投资者的报表项目熟悉度和投资者类型与投资者判断的理论分析及假设提出（研究概念模型见图1.2）。本章基于有限注意力、认知负荷、接近兼容、时间解释等基本理论分析了附注结构对投资者感知的决策相关性、投资风险和判断的投资吸引力的影响，以及附注结构、投资者的报表项目熟悉度和投资者类型对投资者判断的共同影响，并形成相关的假设；然后建立了中介模型，探讨了附注结构、投资者的报表项目熟悉度和投资者类型共同影响投资者判断的中间机制。

13

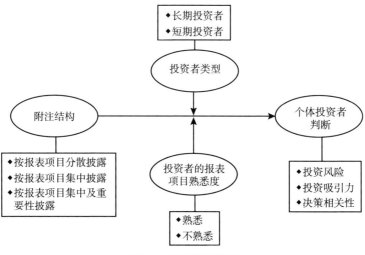

图 1.2　研究概念模型

第五章，实验设计。这一章主要介绍了本研究的实验设计、实验被试、实验任务、实验过程、实验中的自变量及其操控、因变量及其测度。

第六章，附注结构、报表项目熟悉度和投资者类型与投资者判断的实验结果分析。首先，本章对被试的人口统计信息特征进行随机化检查，并对自变量附注结构、投资者的报表项目熟悉度和投资者类型进行操控检验，以确定实验操控是否成功；其次，依据收集的实验数据，从整体上分析附注结构对投资者判断的影响，并具体地分析附注结构、投资者的报表项目熟悉度和投资者类型对投资者判断的共同影响的实验结果，检验这些结果是否验证了本研究提出的假设；然后，以价值未来变动可能性为中介变量做了中介效应分析，理清投资者作出投资判断的过程；最后，为了排除一些可能的替代解释和一些干扰变量的影响，进行了附加分析，以保证实验结果的稳健性和合理性。

第七章，研究结论。本章首先总结本研究得出的结论，并讨论这些结论可能产生的实践影响，其次分析了研究过程中遇到的一些局限和存在的不足，最后指明未来在本研究基础上可以延伸的研究点。

1.2.2　研究方法

适当的研究方法能够恰当地、科学地解决研究问题，为研究人员提供正确的研究规划和路径（莫雷等，2007）。根据研究问题的性质，本书拟采用的研究方法是：理论分析与实验研究相结合。具体而言，本书主要使用心理学的相关理论来分析投资者的判断和决策过程，也就是根据心理学理论中的有限注意力、认知负荷、接近兼容原则和时间解释等理论分析不同的附注结构、投资者的报表项目熟悉度和投资者类型影响投资者判断和决策的过程以及可能的结果。

实验研究方法（Experimental Method）的目的在于确定两个变量之间是否存在因果关系，即一个变量的变化是否直接引起另一个变量的变化（Kerlinger，1964）。为了达到这个目的，研究者在实验研究中首先要操控一个变量（即自变量），同时观察并测量另一个变量（即因变量），以查明对一个变量的操控是否能引起另一个变量的系统变化。同

时，还必须控制所有其他的变量（即额外变量），以确保它们不会对所
要考察的两个变量产生影响。操控构成了实验方法的核心特征。实验方
法是心理学研究的主要方法。自 20 世纪 60 年代，实验方法在财务会计
领域得到广泛应用，之所以得到发展，主要是其具备其他方法不具备的
一些优点。第一，实验研究方法通过一次分离和操控一个变量，在不需
要使用复杂的和不完善的经济计量技术排除其他变量的影响的情况下，
有效地检验变量之间的因果关系。另外，实验方法通过随机分配被试到
不同的实验处理组，避免实验中因选择被试带来的自选择问题，保证了
纯粹、干净的因果关系。第二，通过实验研究方法可以观察到实验室背
景之外无法观测的自变量和因变量。比如对于一些数据难以获取、公开
披露数据较少或在实践中还没有实施的规范、准则等问题，就可以采用
实验方法进行检验。第三，实验方法可以检验自变量如何影响因变量的
中间过程。档案研究等方法可以发现自变量和因变量之间存在关系，但
很少有研究能够清楚地解释两者之间存在关系的原因，而实验方法通过
引入中介变量，可以揭开自变量与因变量之间产生关系的黑箱，阐明其
作用机理。

　　根据上述优势，具体到本研究的问题，本书之所以采用实验方
法，出于以下原因：一方面，目前国际会计准则理事会（ZASB）刚
刚完成对财务报表列报准则的修订，美国也正对披露框架的修订再次
征求意见，尽管美国有些上市公司已采用不同的附注结构，但使用国
际会计准则的国家和地区都还没有开始改变附注的样板化形式，包括
我国也还采用统一的附注格式，有关不同附注结构的数据很少。另一
方面，修订后的列报准则还没实施，效果如何，是否能达到准则修订
者的预期，这些都没有办法通过档案研究进行。而莉比和金尼（Lib-
by and Kinney，2000），卡彻梅尔和金（Kachelmeier and King，2002）
等文献已阐明实验研究方法能够提前检验被提议的准则或拟实施的准
则的有效性（张继勋和韩冬梅，2014）。此外，有大量研究已经采用
实验方法预先检验了被提议或拟实施的审计准则、会计准则的潜在后
果，为将来的准则执行提供经验证据（Hirst and Hopkins，1998；Hodge
et al.，2010；Hales et al.，2012）。这些研究表明通过尽可能周密地设
计实验，实验研究方法基本上可以模拟出准则实施后的情境，获得准则
对使用者行为产生影响的一手数据。

15

此外，采用实验研究方法可以更直接地检验本研究关注的变量的影响，对自变量与因变量之间的关系进行干净的检验。因为在实验中我们保持公司的其他经济状况不变，而仅仅变化操控的自变量——附注结构、投资者的报表项目熟悉度和投资者类型。最后，实验研究方法能够对个体投资者判断的具体路径进行有效的检验。本书在考察不同的结构附注如何影响个体投资者判断的过程中，通过对投资者感知的价值变动可能性、风险大小等中介变量的测度，可以较好地呈现个体投资者判断和决策的具体认知过程。

1.3 研 究 创 新

相比以前的研究文献，本研究在以下几个方面有所贡献和创新，具体论述如下：

（1）运用心理学理论中的有限注意力、认知负荷、接近兼容原则和时间解释等理论，分析了三种不同的附注结构（按照报表项目分散披露、按照报表项目集中披露、按照报表项目集中及重要性披露）、投资者的报表项目熟悉度和投资者类型三个因素，对投资者投资判断的影响，以及对投资者投资判断的过程。

（2）实验检验了三种不同的附注结构对投资者判断的影响。具体而言，检验了与现行按照报表项目分散披露的附注结构相比，修订后按照报表项目集中披露、按照报表项目集中及重要性披露的附注结构，是否会提高投资者感知的决策相关性，是否会影响投资者感知的投资风险和判断的投资吸引力，为 IASB 以及我国准则制定部门提供改进准则有效性的事先证据。以往的文献尚未就此问题进行研究。

（3）实验检验了三种不同的附注结构、投资者的报表项目熟悉度和投资者类型对投资者投资判断的共同影响。具体而言，根据投资期限把投资者区分为长期投资者和短期投资者，在这两类投资者下检验三种附注结构、投资者的报表项目熟悉度与投资者投资判断之间的关系是否存在差异，即投资者类型是否进一步调节了三种附注结构、投资者的报表项目熟悉度与投资者投资判断之间的关系。在以往的文献中，尚未就此进行研究。

（4）利用实验对附注结构影响投资者判断的具体过程进行了检验。具体地说，检验了投资者感知的价值未来变动可能性和投资风险的大小，是否中介了不同附注结构对投资者投资判断的影响，为深入了解个体投资者作出投资判断的具体机理提供实验证据。

第2章 概念界定与文献综述

回顾相关研究主题的现有文献是开始一个研究项目的第一步和基础。有效的文献综述有助于研究者发现哪些领域已经存在过量研究，哪些领域还需要进一步展开研究。因此，作为本研究的重要环节，本章将对相关研究文献进行梳理和论述。在回顾文献之前，先对文献中涉及的主题词进行界定，再从四个方面总结、评述相关文献。第一，从经验研究和实验研究两个角度总结附注披露的相关文献；第二，回顾信息列报形式的研究文献，包括信息分项和综合列报对个体判断与决策的影响，以及信息列报在不同位置对个体判断与决策的影响；第三，综述不同类型投资者的判断与决策的相关文献，主要是富有经验的投资者和缺乏经验的投资者、空头投资者和多头投资者等不同投资者如何进行判断与决策的相关文献；第四，总结个体感知的熟悉度影响个体判断与决策的相关文献。最后，对上述文献回顾进行总体评价。

2.1 主要概念界定

2.1.1 报表附注结构的内涵

1. 报表附注的定义

财务报表附注是指对会计报表中所列示信息的进一步说明，以及对未能在这些报表中涉及信息的说明等。财务报表附注是对资产负债表、利润表、现金流量表和所有者权益变动表的补充说明，以使财务报表使用者全面了解企业的财务状况、经营成果和现金流量等信息，从而做出对自己有利的经济决策。简而言之，财务报表附注就是通过简单易懂的文字描述和符号表示，来使财务报告所提供的信息更容易被信息使用者接受和理解，以增强财务报表的可靠性和完整性，是财务报表中不可缺少的一部分。

2. 报表附注的作用

第一，财务报表附注是采用简单易懂的文字、数字语言披露信息，必要时通过符号、图形等形式来传递信息，这样就避免了仅仅通过会计报表的文字传达信息，能够使财务报表使用者更好地理解信息，增强财务报表的可理解性。

第二，在会计报表中披露的信息往往不全面，需要深层次的解释与说明，财务报表附注可以综合各方面的因素，对会计报表中未披露的部分进行解释和补充说明，从而可以提高财务信息的全面性。

第三，在会计报表中，信息表述具有很强的逻辑，这样就限制了非会计专业人士更好地阅读会计报表，而财务报表附注可以对这些信息加以解释并补充说明，使抽象的信息变得容易理解，既可以使非专业人士易于使用会计报表，又可以使专业人士更深层次地挖掘财务信息。

第四，企业通过财务报表附注披露信息，可以提高会计信息的相关性和可靠性。相关性和可靠性是会计的两个基本信息质量特征，在会计报表信息披露过程中，相关性和可靠性很难同时兼备，而财务报表附注可以在不降低会计信息可靠性的前提下提高其相关性，例如或有事项的披露，或有事项是指由过去的交易或事项形成的，其发生需由未来某些事项的发生或者不发生才能确定的事项。由于其发生情况具有不确定性，所以在尚未发生时不能在会计报表中进行披露，当其发生时再披露就违背了信息的及时性特征，为此可以通过或有事项在财务报表附注中进行披露，以保证信息的相关性。

第五，从战略角度来看，财务报表附注有利于企业长期发展。因为财务报表附注的信息可以提高会计信息的完整性、可靠性、相关性等，企业根据财务报表附注的信息进行财务分析时，可以更加全面地了解企业的财务状况以及财务中的各项明细，可以做出有利于企业的发展战略，保障经济决策的正确性，有利于企业的长期发展战略。

3. 报表附注结构

结构是指组成整体的各部分的搭配和安排，报表附注结构指的就是附注包含的各部分在附注中如何被组织和排序。IASB 发布的《国际会计准则第 1 号——财务报表列报》在第 112 段至第 116 段对报表附注结构（Notes Structure）做出了规定，指出为了有助于使用者理解财务报表，主体应尽可能按系统的方式列报附注，主体通常按下列顺序列报附注：第一部分是遵循国际财务报告准则的声明；第二部分是主体所采用的重要会计政策概述；第三部分是财务状况表、综合收益表、单独的收益表（如果列报的话）、权益变动表和现金流量表中列报项目的支持信息，按列报的各单列项目和财务报表的顺序列示；第四部分是其他披露。

FASB 在披露框架中也涉及了报表附注结构，但使用的术语是报表附注的组织（Organization of Notes to Financial Statements），包括附注的结构和顺序（Structure and Order）。美国公认会计准则（Generally Accepted Accounting Principles，简称 GAAP）没有要求附注按照特定的顺序列示，但鼓励首先描述会计政策，接着是按照资产和负债项目在资产负债表的顺序对资产和负债解释的附注信息，最后是最近的政策指南要求披露的附注以及其他附注，包括或有事项和分部信息。

我国 2014 年修订的《企业会计准则第 30 号——财务报表列财务报》虽然没有明确指出企业应该采用的报表附注结构，但在第六章附注的第三十九条对附注披露顺序进行了规定，与国际会计准则的要求基本一致。具体地说，该规定指出附注一般应当按照下列顺序至少披露企业的基本情况、财务报表的编制基础、遵循企业会计准则的声明、重要会计政策和会计估计、会计政策和会计估计变更以及差错更正的说明、对报表重要项目的说明、或有和承诺事项、资产负债表日后非调整事项和关联方关系及其交易等需要说明的事项。其中，对报表重要项目的说明应当按照资产负债表、利润表、现金流量表、所有者权益变动表及其项目列示的顺序进行披露。

2.1.2　投资者的报表项目熟悉度

"熟悉"的概念来源于心理学，弗里德曼（Freedman）在《社会心理学》一书中最早论述了"熟悉"对个体行为方式的影响，指出个体面对熟悉的事物做出的行为比面对不熟悉的事物时做出的行为更积极肯定。马斯洛（Maslow，1987）的研究也表明个体倾向于追求一种安全的环境和稳定的状态，表现在行为上就是个体通常更偏好自己熟悉的事物，而不喜欢自己不熟悉的事物。

熟悉度（Familiarity），又称熟悉性，是一个相对的概念，将心理学中的熟悉概念运用到其他学科和领域，便产生了各种关于熟悉度的定义。黄希庭主编的《简明心理学辞典》把熟悉度定义为个体对刺激对象的性质所感到的熟悉程度，是影响人际吸引的因素之一，指彼此了解、熟悉的程度。阿特金森和尤奥拉（Atkinson and Juola，1973）认为熟悉度是一个项目或事件的内在特征，而雅各比等（Jacoby et al.，）认为流畅性可以看作熟悉度，因为项目熟悉度可归因于对项目过去经验的依从，即如果某些项目被更流畅地加工，个体会将加工流畅性归因于过去对这些项目有经验，无需特别注意，可以自动加工和操作，并判断这些项目是熟悉的（Jacoby，1981；1991；Jacoby and Kelley，1992）。本达普迪等（Bendapudi et al.，1996）认为，熟悉度指个体对人和事物的知晓程度，人和事物在个体头脑中的印象是清晰的还是模糊的。

在营销学中，熟悉度从广义上被定义为，消费者通过直接或间接经历产品积累的关于产品的知识（Alba and Hutchinson，1987；Bettman and Sujan，1987；Holden and Vanhuele，1999）。在这个定义下，可以根据个体长期记忆的知识结构来测度人们对产品了解的程度，即产品熟悉度。利希滕斯坦和苏占（Lichtenstein and Fischhoff，1977）把产品熟悉度定义为，人们认为自己在多大程度上了解产品，在该定义下，根据个体自我报告的对产品的了解程度来测度产品熟悉度。阿尔巴和哈金森（Alba and Hutchinson，1987）研究表明，增加产品或品牌的熟悉度会对信息加工和品牌评价产生不同的作用。之后的研究证明对于熟悉的品牌，相对的喜爱度会形成并保持稳定，对于不熟悉的品牌，态度还没有形成，使得这些品牌比较不稳定并且难以获取（Bettman and Sujan，1987；Fazio et al.，1989）。

组织行为学中，杨（Yang，2007）将熟悉度定义为人们具有的关于组织的全部知识量。其他文献将熟悉度用相关的、更具体的含义来描述。比如瑞多瓦等（Rindova et al.，2005）将熟悉度定义为突出性（Prominence），是指公众确认和自动联想到该公司的程度。卡洛尔（Carroll，2011）和法哈等（Pfarrer et al.，2010）定义熟悉度为可见度（Visibility），通常是指媒体报道公司的程度。

在语言学中，迪能斯等（Dienes et al.，2011）认为熟悉度是个体对自己过去接触过当前资料这一事实的表征，是储存在记忆中的表征。卡茨和法拉蒂（Katz and Ferretti，2001）使用眼动技术对英文谚语的阅读进行研究，结果发现，熟悉的谚语比不熟悉的谚语更易于理解，而且个体对于熟悉谚语中单词的语义加工速度更快。乔拉（Giora，2003）认为，个体对某个词语越熟悉，大脑越能快速地检索它。

综上所述定义，本书认为投资者的报表项目熟悉度既包括会计报表项目的客观出现频率也包括个体对会计报表项目的主观熟悉感。会计报表项目的客观出现频率（曝光率）是指在现实经历中会计报表项目在多大程度上是平常可见的或不常见的，或者说个体在多大程度上接触过或思考过某个会计报表项目。有研究表明熟悉度与频率正相关，因为高频率项目可以参考更多储存在记忆中的范本，比低频率项目更容易获得（Hulme et al.，1997），所以高频率项目被认为是熟悉的项目。但是，熟悉的项目不一定是高频率出现的，因为熟悉度还涉及个体的一种主观感受，是相对的。主观的熟悉感是个体感知的对项目的了解程度，受对项目的过去经验和感知流畅性的影响。

2.1.3　投资者类型

投资者类型因分类标准而异，有当前投资者和潜在投资者之分，有空头投资者和多头投资者之分等，本研究根据投资者持有投资的期限的差异将投资者分为长期投资者和短期投资者。具体地说，预期持有股票不超过三个月的投资者为短期投资者，预期持有股票不少于三年的投资者为长期投资者。

之所以按投资期限划分投资者类型，因为时间是人们生活中不可分割的一部分，时时刻刻影响着人们的心理和行为，人们对于时间的认知、体验和行动也构成每个人的能力特质（黄希庭，2004）。大量行为科学研究使用实验、调查、计量经济学等方法研究时间如何影响个体的心理与行为（Metcalfe and Mischel，1999；Rachlin et al.，2000）。行为经济学领域的研究发现，在投资决策的背景下，时间影响个体行为体现在，投资者持有投资的期限不同会作出不同的投资决策，因此，相关文献使用各种方法测度投资期限并以此特征将投资者分为长期投资者和短期投资者（O'Donoghue and Rabin，2000；Thaler，1981）。

科恩等（Cohn et al.，1975），库尔曼和西格尔（Kullmann and Sie-gel，2005），王和汉娜（Wang and Hanna，1997）在资产配置的研究中用年龄度量投资期限，投资者年纪越大，投资期限越短，发现投资者在投资资产组合中对股票的持有随着年龄的增长而增加。陶氏（Dow，2009）使用美联储 2004 年消费者理财调查数据，根据被调查对象回答的"一生中对于理财最重要的时间段"来划分投资期限，五年以内为短期投资，五年以上为长期投资，发现年轻人的投资期限往往最短，与年龄替代投资期限的结论相反。

加斯帕等（Gaspar et al.，2005）认为投资期限像投资者其他的特征一样，较难观察到，对于机构投资者，投资期限数据可以从市场上的真实投资行为推断出来，但个体投资者就难以获取了。该研究使用机构投资者的换手率来度量长短期投资期限，换手率高的为短期机构投资者，换手率低的为长期机构投资者。迪尔克斯等（Dierkes et al.，2010）从累积前景理论中的投资者偏好角度分析不同投资期限下采用的投资策略，其中把投资期限分为 1 ~ 84 个月，低于中值的归为短期投资者，高于中值的为长期投资者。纽鲍姆和扎哈拉（Neubaum and Zahra，2006）根据投资期限将机构投资者分为短期导向的（比如，共同基金、投资银行）和具有长期目标的（比如养老基金），短期投资者使用共同基金、投资银行的持股比例代替，长期投资者使用养老基金的持股比例代替。该研究认为短期机构投资者追求投资快速上涨的股票，导致他们频繁地调整持有股票，并出售鼓励耐心投资或从事带来不确定结果的活动的公司份额；而长期机构投资者通常比共同基金和投资银行持有股票的时间更长、更有耐心。阿提格等（Attig et al.，2012）与加斯帕等（2005）使用同样的方法计算客户流失率（Churn Rate）测度机构投资者改变持有股票的频率，较高的客户流失率表示较短的投资期限，较低的客户流失率表示较长的投资期限。

比格尼等（Bigoni et al.，2015）在实验经济学研究中将 60 秒定义长期投资期限，20 秒定义为短期投资期限。怀特（White，2013）在会计实验研究中，在第一个实验中定义投资期限时，排除了基于期限不同带来的经济因素的影响，仅仅是从心理学上测度期限的长短，短期投资者预测 15 分钟以后构成股价的两位数字，长期投资者预测一周以后构成股价的两位数。为了更准确地模拟现实市场中短期投资者和长期投资者，在第二个实验中，该研究假定持有投资不超过三个月的投资者为短期投资者，持有投资不少于五年的投资者为长期投资者，据此得出的结论与第一个实验的结论一致。在参考这些文献的基础上，本书依据投资期限来划分投资者类型。

2.1.4　风险与感知的风险

风险没有一个通用的定义。自马科维茨（Markowitz，1952）的研究以来，金融领域最常见的风险定义是，风险是损失的概率及其损失的大小，用结果的标准差来度量。心理学及其相关领域认为风险是结果发生的不确定性（Sitkin and Weingart，1995），风险带来负向的结果、潜在的威胁甚至灾难（Feomme et al.，1997）。总的来看，对风险的定义大致两个角度，一个是从统计技术角度认为风险是概率或可能性；另一个从风险带来的后果角度认为风险是各种不利结果的呈现。本书涉及的风险指的是感知的风险（Perceived Risk），从主观感受的角度认为风险是个体对不确定性的理解和知觉。

对风险感知的研究最早可以追溯到 20 世纪 60 年代对核能的争论。索比（Sowby，1965）设计了一套风险比较方法评价核能的使用，在一段时间这个方法被认为与风险沟通相关。但斯塔尔（Starr，1969）很快就证明风险的可接受性不仅与风险和收益的技术估计有关，还与主观变量有关，比如自愿性。斯洛维克（Slovic，1987）认为个体依赖直觉对外界各种客观风险因素的主观理解和认识便是个体对风险的感知。西特金和温因加特（Sitkin and Weingart，1995）认为风险感知是个体根据对情境不确定程度的概率估计、对该不确定程度的可控性评估和作出这些估计时的自信程度这三项内容对某一种情境风险程度的评估。由于风险感知的主观性，在一定意义上，个体对风险的感知差异是不同特征的个体在心中对最好的行动的看法不一致导致的，比如技术专家和一般大众（Slovic，1987），男人和女人（Finucane et al.，2000；Flynn et al.，1994；Weber et al.，2002），来自不同文化背景的人们（Weber and Hsee，1998，1999）。

感知风险与根据事件不确定性程度的概率估计来评估该事件的风险

大小是有区别的（Baird and Thomas，1985；Bettman，1973）。对感知风险的经验研究发现，相对概率估计的不确定性评估，主观的风险判断能更好地预测个体的选择决策（Keller et al.，1986；Weber，1988；Sarin and Weber，1993；Brachinger and Weber，1997；Jia et al.，1999；Baz et al.，1999），原因之一是风险感知既包括对事件不确定性的直觉判断，还包括了对不确定性的情感反应，情感因素也会影响个体作出的选择（Holtgrave and Weber，1993；Loewenstein et al.，2001；Weber and Milliman，1997）。最近的研究也表明相比方差和标准差，直觉的风险指标即主观的风险感知能够更好地作为投资者对公司风险判断的替代变量（Weber et al.，2004；Klos et al.，2005）。另外，法雷利等（Farrelly et al.，1985）研究表明会计风险指标（比如资产波动性、盈余波动性）与信息使用者的风险感知是相关的，并指出财务报告确实可以传递关于感知公司风险的信息。因此，后文中提到的投资风险是指投资者对投资风险的感知，是指财务报表附注传递的价值变动信息引起投资者对投资该公司不确定性的认知和理解。

不同的风险感知可能会影响个体的决策过程和行为（Weber，2001；Siegrist et al.，2005）。尽管有共识认为这个观点是成立的，但风险感知与决策之间关系的准确性质是不清晰的。例如，达尼根等（Dunegan et al.，1992）发现个体感知到某情境有风险时，会避免有风险的行为。一些关于框架效应的文献的研究结论却与之相反，他们认为追求风险的行为会在负面问题框架下表现出来（Tversky and Kahneman，1981），尽管负面框架被明确地看作风险。可见，这些研究的发现难以明确风险感知和决策之间关系的性质，但西特金和巴勃罗（Sitkin and Pablo，1992）提出一个风险决策决定因素的中介模型，阐明了风险感知和决策之间的关系，指出风险感知是作为中介变量影响了个体决策。

2.2　文　献　综　述

2.2.1　附注披露的相关研究

附注中的信息披露是否能替代财务报表表内确认一直是一个重要的

研究领域。只要信息是公开可获得的，半强势有效市场假说认为会计信息的确认与披露应该没有差异。较早的一些会计研究（例如，Dhaliwal，1986）提供经验证据支持无差异的观点。然而，近些年的会计研究发现信息的确认与披露在价值相关性（例如，Ahmed et al.，2006）和契约成本（例如，Espahbodi et al.，2002）上存在差异。下面从档案研究方法和实验研究方法两个方面总结附注披露的研究状况。

1. 附注披露的档案研究

档案研究表明披露的信息在一定程度上是可信赖的（Bernard and Schipper，1994；Holthausen and Watts，2001；Barth et al.，2001）。文卡塔查拉姆（Venkatachalam，1996）使用 SFAS. No. 119（FASB 1994）要求的披露进行检验，发现银行使用的衍生工具的公允价值披露是价值相关的。然而，巴特等（Barth et al.，1996），艾切尔等（Eccher et al.，1996）和尼尔森（Nelson，1996）的研究评价了披露金额的价值相关性，发现衍生工具的公允价值披露通常不是价值相关的。阿布迪（Aboody，1996）表明股价对公司确认的损失作出负向反应，并且显著不同于对公司披露的损失作出的反应。阿布迪等（2004）和李（Li，2002）证明股票薪酬费用的披露与股价成负相关关系。鲍曼（Bowman，1980），伊姆霍夫等（Imhoff et al.，1993）和比蒂等（Beattie et al.，2000）的研究表明未来最低经营租赁付款的披露与市场对股票风险的评估相关。这些研究提供的证据与投资者的看法一致，投资者认为披露的数字是相关的，并且在一定程度上计量也是可靠的。进一步地，档案研究也检验了市场对于确认的信息和披露的信息哪个反应更强。利用档案方法检验市场对确认和披露信息的不同反应是比较有难度的，通常它们会利用报告准则改革的机会实现这种检验，即从披露改为强制确认的时候（Schipper，2007）。例如，戴维斯－弗雷迪等（Davis-Friday et al.，1999）的研究表明与确认的退休后福利（OPEB）金额相比，披露的 OPEB 金额被赋予更低的估值权重。在同样的背景下，戴维斯－弗雷迪等（2004）发现与确认的退休后福利负债和确认的退休金负债相比，披露的退休后福利负债受到更低的估值赋权。但这些披露信息一旦确认，市场会同等看待退休后福利（OPEB）负债和退休金负债。阿赫麦德等（Ahmed et al.，2006）利用衍生金融工具的背景，直接合并了上述两个设计，首先比较了相同项目的不一致处理，然后分析了以前披露项目的有关会计准则改变后的影响。他们发现在 SFAS 133 发布前，确认的衍生金融工具的估值系数显著为正，但披露的衍生金融工具的估值系数与零的差异不显著；当 SFAS 133 要求披露的衍生工具由强制披露转为确认时，这些衍生工具的估值系数变得显著了。他们推断导致出现这些结果的原因是投资者有限关注、一系列的认知偏差和信息加工成本。达利沃尔等（Dhaliwal et al.，2012）以租赁为背景分析了相同项目的不一致处理的效应，发现与融资租赁负债和其他负债相比，估算的经营租赁负债与权益资本成本具有较弱的相关关系。布拉滕等（Bratten et al.，2013）以大量的既有融资租赁又有经营租赁的公司为样本，检验了资本市场参与者是否会有差别地使用披露和确认信息。通过比较确认的租赁负债（融资租赁）与资本成本、来自经营租赁强制披露中的类似确认的租赁负债与资本成本的关系，他们发现当披露信息显著、可靠和容易加工时，资本市场参与者会同样地加工确认和披露的信息。

2. 附注披露的实验研究

早期的实验研究主要关注资产负债表中负债的确认和披露（Belkaoui，1980；Wilkins and Zimmer，1983；Harper et al.，1987）。这些研究通常认为披露的数值比确认的等额数值影响要小一些。最近的研究主要关注为什么会产生这些影响。弗雷德里克森等（Frederickson et al.，2006）让有经验的财务会计研究生评价雇员股票期权的会计处理，结果发现当准则要求在损益表中确认时，被试认为财务信息最可靠，其次是当公司自愿确认该项费用时，最不可靠的是当公司披露这些信息的时候。这表明被试非常认同确认和披露的金额之间在信息可靠性上有差异。无独有偶，莉比等（Libby et al.，2006）发现比起披露的金额，审计师对于确认金额使用更严格的重要性标准，但认为客户将会更强烈地反对更正股票报酬的确认金额。这些表明使用者认为确认和披露的金额在信息可靠性上有差异。赫斯特等（Hirst et al.，2004）检验公允价值的确认与披露，发现相比当负债的公允价值和公允价值变动损益只在附注中披露，当银行的资产和负债都以公允价值被确认在资产负债表里以及公允价值变动损益被列示在综合收益表中时，银行买方分析师能更有效地识别利率风险和价值差异。黑尔斯等（Hales et al.，2012）检验融资租赁分解为固定租赁期和可选续租权两部分的影响，即使续租选择权通常被当作保护承租人的一个因素，但如果该分解是被披露而不是被确认为负债，决策者是不会将其积极的作用考虑到他们的贷款决策中的。

赫斯特等（2003）在需要估计的重要无形资产——软件开发成本情境下，做了两个实验，检验披露以前年度估计在以后实际实现后的调账信息作为财务报告的一个补充信息，能否使投资者区分准确的和机会主义的披露行为。结果表明，增加披露公司先前年度中的会计估计信息的披露机制在传递会计估计准确性信息上是有效的；但不是所有披露同等有用，只有当同时披露错误估计对资产负债表和损益表的影响时，该披露机制才是最有效的。具体地说，在向使用者传达公司什么时候以机会主义的方式使用会计估计中，披露必须描述对盈余的影响才是最有效的。仅仅披露处于完全预见下的资产负债表的金额往往不能使投资者完全区分准确的和机会主义的估计。确实，尽管投资者很容易使用资产负债表披露来估计资产账户的错误估计，但这样的披露用来计算盈余的错误估计相对困难。此外，该研究表明投资者奖励准确估计的公司（即，给予公司较高的估值和未来盈余潜力评价），但这些投资者不会明确惩罚哪些机会主义估计的公司。虽然赫斯特等（2003）对投资者为什么不愿意惩罚这种机会主义行为给出了几个可能的解释，但他们没有检验这些解释。库恩斯（Koonce et al.，2010）首先阐明了使用这些估计准确性披露的投资者为什么不愿意惩罚那些看起来做出机会主义估计的公司，也就是，该研究识别了赫斯特等（2003）意外结果背后的原因。具体地说，他们发现会计估计准确性披露能够让投资者区分准确和不准确估计的公司，但这些披露没有提供足够的信息让投资者清楚地了解不准确估计的源头是管理层机会主义还是困难的预测环境。不是投资者假定管理层进行机会主义行为，而是通过把不准确归因于环境，投资者默认给予管理层无罪推定。这种归因导致投资者赋予管理层较少的责任，好像困难的预测环境才是原因。另外，该研究还识别和检验了额外信息会提高提议披露的效果。也就是说，当投资者考虑了其他公司的估计准确性，即行业共识信息（consensus information）时，不太可能给予管理层无罪推定。行业共识信息帮助投资者明确了不准确估计的原因，使投资者恰当地奖励准确估计的公司和惩罚机会主义估计的公司。埃米特和尼尔森（Emett and Nelson，2014）通过实验检验投资者在连续三个会计报告期内如何评价公司在附注中披露养老金的会计处理变更。结果表明当公司仅在变更当年在附注中披露会计变更时，投资者会随着时间的推移，在评估公司价值时，逐渐忘记调整会计变更的影响，引发时间导致的锁定问题。当在变更当年以及随后两年连续在附注中披露会计变更时，时间引发的锁定问题被减轻，即投资者在评估公司估值时能够恰当地考虑会计变更的影响。

2.2.2　信息列报形式的相关研究

信息列报形式指的是财务报表各项目及其附注、监管机构要求披露的其他文件的结构、归类、位置和分项与否。一方面由于人们有时会缺乏必需的注意力，另一方面人们在处理信息时希望付出较少的认知成本，因此信息列报形式的特征可能对个体的判断和决策行为产生影响（Hogarth，1993）。随着行为会计的兴起，大量会计文献检验了个体投资者对不同列报形式的反应，列报形式会影响个体投资者的投资决策变得越来越明显，也日益被认可（Barber and Odean，2008；Huberman，2001；Thaler，2004）。巴伯里斯和泰勒（Barberis and Thaler，2003）重点说明了披露信息的形式、显著性和框架如何影响个体投资者的判断与决策，结果发现，如果公司选择性地披露非财务信息或者非财务信息不容易获取，个体投资者在评价潜在投资机会时就不能够获得必需的数据，因而会作出次优的决策。下面我们就信息是否分项、信息列报位置对投资者判断的影响来回顾列报形式的相关文献。

1. 信息分项与综合列报对投资者判断的影响

德姆斯基（Demski，1973）的会计选择模型表明任何程度的综合列示都会隐藏对于一部分使用者来说有用的信息，也就是说，能最好地服务于使用者的财务报表是不能综合列示任何信息的。但准则制定者认为全部分项列示会增加编制者和大部分使用者的负担。因此，报表信息的列示出现了综合和分项两种形式，而且，分项列示与综合列示形式对投资者判断和决策的影响是不同的。

（1）信息水平分项列报对投资者判断的影响。

首先，回顾水平分项对信息使用者的影响。所谓水平分项是指公司按照地理位置、产品和服务等确定报告分部，按分部列示信息。早期关于使用者对分部分项的研究证明，分部披露提供的额外信息提高了股票估值和分析师盈余预测（Kinney，1971；Collin and Simonds，1979；

Collins，1976；Baldwin，1984；Swaminathan，1991）。其次，一些研究检验 SFAS131 中的报告改变如何影响使用者的判断与决策。迈尼斯等（Maines et al.，1997）发现基于内部报告结构的细分增加了分析师对分部数量可靠性的评价。博格和汉思（Berger and Hann，2003）表明 SFAS 131 改善了分析师预测的准确性，并修正了市场对公司业绩的预期。埃里奇等（Ettredge et al.，2005）的研究表明通过增加公司分解和报告的分部数量，SFAS 131 提高了股票市场预测公司未来盈余的能力。最后，这些文献表明报表信息的水平分项给使用者提供了价值相关的信息。

（2）信息垂直分项列报对投资者判断的影响。

垂直分项是指公司对报表项目的分项列示，比如公司把盈余项目细分为收入、费用、利润还是直接以净利润列示。赫斯特等（2007）通过实验检验了管理层盈余预测的一项特征——是否分项对预测可信性的影响。结果表明，与综合盈余预测相比，投资者认为分项的盈余预测更可信，而且无论管理层的盈余管理动机高还是低，投资者对分项盈余预测的可信性不受影响；进一步的研究发现，分项盈余预测通过以下三种途径影响投资者感知的盈余预测可信性。首先，分项盈余预测提供了管理层认为预测准确的信号；其次，分项预测使预测更清晰，使投资者更容易地评价预测质量；最后，分项预测增强了财务报告质量进而影响其可信性。埃里奥特等（Elliott et al.，2011）检验了管理层预测的分项程度是否，以及如何降低投资者投资判断中出现的盈余锁定程度。研究发现，与管理层发布综合的盈余预测相比，当管理层发布分项的盈余预测时，投资者锁定报告盈余的可能性较小，也就是说，分项的管理层盈余预测降低了投资者的盈余锁定效应。2010 年 FASB 和 IASB 在提议修订的租赁准则的征求意见稿中初步决定租赁合同整体作为核算单元，即不仅是租赁合同中的固定期间作为租赁债务核算，也把合同中的可选续租期当作单独的租赁债务来核算。在此背景下，黑尔斯等（2012）检验了续租选择权是如何影响贷款决策的。研究结果表明相比没有资本化续租选择权的公司，贷款人更不愿意贷款给在资产负债表表内资本化续租选择权的公司；同时也发现，当在资产负债表表内分开列示资本化的续租选择权与不可撤销租赁负债时，贷款人像他们在承租人无需资本化续租选择权的情形下一样有可能贷款给承租人，即分项列示消除了资本化续租选择带来的贷款意愿下降。埃里奥特等（2015b）的研究表明相对于把盈余指标的持续性和暂时性部分合计列示，把盈余指标的持续性和暂时性部分分项列示会提高投资者价值估计的准确性和市场价格效率，但相对于仅仅突出列示盈余的持续性部分，这种分项会损害市场价格效率。具体地说，投资者会以有偏的方式解释盈余的暂时性部分，并且在分项列示盈余时，投资者会过多地搜索关于暂时性盈余的信息，并把这些信息考虑到价值估计的过程里。与之相反，突出列示持续性盈余会提高投资者价值估计的准确性，并且此时的市场价格效率也是最有效的。因此，投资者会使用分项信息调整他们的交易决策，但他们也会以有偏的方式解释分项信息。利比和布朗（Libby and Brown，2013）检验了分项如何影响审计师的行为，进而影响净利润和报表中的其他项目的小计数、合计数的可靠性。实验结果表明，对于分项列示的金额，审计师会要求更多地更正财务报表错误，进而提高了利润表金额的可靠性，但这种影响只在表内分项时出现，在报表附注中分项列示时效应较小。布鲁姆菲尔德等（Bloomfield et al.，2015）检验信贷分析师能否区分报表列示不同的两家制造公司的经营结构。结果发现，在财务报表内分项列示销售成本，并且使用把相关项目集中的整合分类时，信贷分析师能更好地识别公司的经营结构，然而在报表内分项列示但没有整合分类时，信贷分析师不能识别公司的经营结构。该结果表明分项可以使公司运营的某些项目对于使用者来说更突出，这与分项预测的研究结果一致。总之，这些研究表明分项列示能够帮助使用者从报表中提取重要信息，改进他们的判断与决策。与上述研究的信息列示形式的影响相比，分项和综合列示风险信息具有不同的作用。伯纳等（Bonner et al.，2014）根据心理账户理论，检验了公司管理层对损失是分项还是综合列示对投资者的估值判断的影响。实验结果显示，损失信息是否分项列示系统地影响投资者对公司的估值判断，而且与心理账户理论预测的一致，即当净损失是由一个大的损失和小的收益组成时，分项列示使投资者给出更高的估值判断；当净损失是由一个大的损失和大的收益组成时，综合或分项列示对投资者的估值判断无显著差异的影响。考夫曼和韦伯（Kaufman and Weber，2013）研究综合列报风险信息对个体投资者的风险承担行为和投资决策的影响，结果表明信息综合程度越高，风险承担意愿越大，更愿意投资。投资者之所以会有较大的风险承担意愿，是因为综合列报风险资产的收益使投资者相对不同的参考点（相对全部投资组合而不是投资在风险资产上的金额）来评价综合结果，使得他们对损失的估计更准确，感知到的风险更低，进而提高了投资意愿。

2. 信息列报位置对投资者判断的影响

信息位置的变化会影响数字潜在属性的感知或真实的差异，也会影响信息处理的方式或容易程度，进而影响使用者依据信息作出的判断。位置影响使用者判断的研究分为三个部分：第一，信息被确认在哪个报表里；第二，在财务报表内，金额如何被分类、标签以及小计在哪里；第三，其他描述性文件中信息的不同位置。

（1）信息在不同报表中列报对投资者判断的影响。

赫斯特和霍普金（Hirst and Hopkins，1998）检验当公司利用可供出售证券进行向上的盈余管理时，综合收益列示在损益表或权益变动表是否影响买方分析师对该公司的股价判断。结果表明把综合收益及其组成部分清晰地列示在损益表中使盈余管理更透明，导致分析师对实行盈余管理和没有实行盈余管理的公司的股价判断没有显著差异；但综合收益及其组成部分列示在权益变动表中没有起到上述作用，即没有消除分析师对进行盈余管理和没有进行盈余管理公司的估值判断差异。迈尼斯和麦克丹尼尔（Maines and McDaniel，2000）检验在不同位置列示可供出售证券公允价值变动的信息是否以及如何影响非职业投资者的投资判断。结果发现，相比公允价值变动带来的未实现收益列示在股东权益表中，当公允价值变动带来的未实现收益列示在综合收益表中时，非职业投资者在评估盈余波动时会更看重它，进而判断盈余波动低的公司比盈余波动高的公司业绩更好。这个结果连同赫斯特和霍普金（1998）的结果共同表明，综合收益项目列示在损益表中既能够改善非职业投资者的判断，也会改善职业投资者的判断。埃里奥特等（2010）认为当可供出售有价证券处于持有期间时，在更透明的位置报告公允价值变动带来的未实现公允价值变动损益，分析师预期股价对基本价值有一个更大的正向偏差，当公司的主要投资者是暂时性投资者时，错误定价更大。

徐经长和曾雪云（2013）对处于不同列报位置的可供出售金融资产的公允价值信息的决策有用性进行考察，检验了《企业会计准则解释第3号》中变更综合收益列报方式的政策后果。研究显示，可供出售金融资产的公允价值变动在利润表的其他综合收益项目列报时存在增量价值相关性，直接计入股东权益变动表时仅有较弱的价值相关性。李增幅等（2013）的研究表明金融资产公允价值变动是否进入损益以及不同列报位置，会带来不同的市场反应：市场对于同时在资本公积和利润表下"其他综合收益"中列报的公允价值变动反应充分，而对于仅列入资本公积的情形则反应不足，对仅计入利润表的情形则会过度反应。张丽霞和张继勋（2013）检验了 IASB 新提议的列报形式改变对投资者判断的影响，即公司信用风险变动引起的金融负债公允价值变动损益，不再列报为净利润项目，而是列报为其他综合收益项目。结果发现 IASB 新提议的列报形式消除了原来的反直觉现象及由此引起的投资者投资判断偏误，投资者能够更加正确地在其投资判断中区分信用风险的不同变动方向。

（2）信息在报表内不同位置列报对投资者判断的影响。

信息在财务报表内的不同位置列报指的是，在财务报表内，报表项目的金额如何被分类、标签以及小计在哪里。霍普金（1996）是第一个证明财务报表内的分类是专业分析师使用有效决策规则处理复杂的财务披露的基础。他检验了财务分析师对于在资产负债表上对同时具有负债和权益属性的复合金融工具（强制可赎回优先股）进行不同归类，是否会作出有差别的股价估值判断。结果表明，与看到该金融工具被归类为所有者权益的分析师相比，看到该金融工具被归类为负债的分析师做出的股价估值判断更高。克劳－普勒尔等（Clor-Proell et al.，2015）认为霍普金（1996）的研究表明了分类会影响报表使用者的判断，但没有系统地检验复合金融工具的分类对不同使用者的影响，以及使用者在看到分类信息之后是否根据特征区分复合金融工具。因此，克劳－普勒尔等（2015）检验报表使用者在评价发行复合金融工具公司的信用时，使用者不同的经验水平是否会影响他们对分类或特征的依赖程度。结果表明，当评价发行复合金融工具的公司的信用时，没有经验的报表使用者主要依赖于分类，有经验的报表使用者主要依赖于该工具的潜在特征。这说明分类对没有经验的使用者影响更大。关于损益表中的分类，霍普金等（2000）研究单独分类和小计对分析师股价判断的重要性。具体地说，他发现将商誉摊销归类为营业费用对有经验的买方分析师的股价估计有显著影响。但是，当把该费用在小计前后都按照自身类别放置，不归为营业费用时，该影响消失。随后大量的研究检验了归类选择对会计数字的可信性或者感知的可靠性的影响。霍奇等（Hodge et al.，2006）检验当管理层具有报告自由裁量权时，管理层把复合证券归类为权益或负债如何影响信息使用者对可信性的判断。结果表明，信息使用者对管理层归类选择的可信性的感知取决于该归类是否与管理层报告动机一致，使用者认为与管理层动机不一致的归类（负债）比与管理层动机一致的归类（权益）更可信。克劳－普勒尔等（2014）发现在损益表中将公允价值变动收益分类并单独一栏列示，能够增加非职业投资者把公允价值估计的可靠性考虑到他们的投资判断里的能力。霍奇等（2010）检验在报表内财务信息的相近是否改进非职业投资者的预测。结果表明当财务报表信息在一个屏幕上的一张表内而不是分散在两个屏幕中的一张表内时，投资者能够更快速地了解当期现金流与应计、未来现金流的实现之间的关系；并且当报表信息被合并到一个屏幕上的报表内时，投资者表现出较低水平的预测错误和预测标准差。也有少量档案文献表明投资者会适当地认为特殊项目不太持续，并以看待特殊项目同样的方式认为其他综合收益表里的项目也不太持续（Lipe，1986；Bradshaw and Sloan，2002；Chambers et al.，2007）。

（3）信息在其他叙述性披露中的不同位置列报对投资者判断的影响。

越来越多的实验和档案文献检验叙述性披露，比如新闻发布、管理层讨论与分析中披露的数值位置的影响。鲍文等（Bowen et al.，2005）通过对下面每一个指标进行编码：①在标题上；②在第一段或第二段；③在盈余公告的更下面一段，来度量了管理层对 GAAP 盈余和预估盈余（Pro-Forma Earnings）的强调程度。结果发现，市场对于管理层在盈余公告中强调的盈余指标（比如，在标题上突出的 GAAP 盈余）反应更大。埃里奥特（2006）检验了非职业投资者对新闻公告中预估盈余和GAAP 盈余排列顺序的反应，结果发现非职业投资者对盈余公告中在排列顺序上获得更多重视的盈余指标反应更强。具体地说，当公司在盈余公告中相对 GAAP 盈余更强调预估盈余时（即预估盈余放在靠前位置），非职业投资者评价公司业绩更高并且会投资更多，而且这种结果不是投资者感知到被强调的盈余更具有信息含量导致的，而是投资者无意识的认知效应在起作用。艾利等（Allee et al.，2007）检验埃里奥特（2006）的结果在档案研究背景下是否成立，并且同时检验了富有经验的和缺乏经验的投资者的判断。结果表明，在盈余公告中预估盈余放在 GAAP 盈余之前时，缺乏经验的投资者更多地信赖预估盈余，而富有经验的投资者没有表现出这种倾向。黄等（Huang et al.，2012）证明在盈余公告的标题中管理层的策略披露会使市场对盈余公告的初始反应出现偏差，也就是说，管理层在盈余公告中更突出好消息，会诱使投资者对好消息作出过度反应。

2.2.3　不同类型投资者的判断与决策研究

根据不同的标准，可以将资本市场上的参与者分为个体投资者和机构投资者，投资经验丰富的投资者和没有经验的新手投资者，长期投资者和短期投资者，这些投资者之间有何相同之处和差异，又如何在股票市场中进行投资决策，学术界对此展开了大量的研究，下面我们将针对这些文献进行梳理和回顾。

1. 具有不同经验的投资者的判断与决策

尽管缺乏关于富有经验的投资者和缺乏经验的投资者的规范决策模型，但会计研究已经识别这两类投资者之间的判断与决策差异。拉斯克（Lusk，1973）检验年报形式是否影响个体的投资选择，其中比较了财务分析师和商学院研究生的决策行为，结果发现由于他们各自具备的特定任务的经验不同，分析师比研究生能够更好地从复杂的财务数据中提取出这些数据之间可识别的关系。类似的研究，布曼（Bouwman，1984）发现在财务决策任务中，富有经验的投资者会关注潜在的不一致信息以识别数据之间的系统关联；缺乏经验的投资者往往关注表面特征，因此不能识别数据间的关联和整合这些线索。莉比和弗雷德里克（Libby and Frederick，1990）的研究也表明富有经验的和知识丰富的个体具备的知识结构可能会带来更好的判断与决策。随后有大量研究使用不同方法继续探究不同情境下富有经验的投资者和缺乏经验的投资者的决策行为差异，本书将其总结如下：

（1）档案研究中具有不同经验的投资者的判断与决策。

在档案研究中往往使用机构投资者替代富有经验的投资者（Hand，1990），因为机构投者通常被认为比个体投资者在获取和加工信息上更具有优势，处理业务的经验更丰富，表现也更成熟，会遭遇更少的认知偏差或不理性的行为，并因此被假定能够作出更优化的投资决策（Banerjee，1992；Hirshleifer et al.，1994；Shleifer and Summers，1990）。瓦尔特（Walther，1997）的研究中使用机构投资者持股比例检验投资者具有经验的多少是否影响投资者预测盈余时的信息使用。结果表明，富有经验的投资者在形成盈余预测时更依赖分析师预测而不是时间序列模型预测。巴托夫等（Bartov et al.，2000）在研究中假定市场参与者可分为两类投资者：一类是富有经验的投资者，擅长收集和加工公开信息；另一类是缺乏经验的投资者，他们主要使用各种媒体报道的财务信息和直觉，而不是对财务报表做严谨的分析。在此基础上，研究不同投资者在盈余公告之后的股票收益情况，结果显示，机构投资者持股与盈余公告后收益负相关，这里用持股的机构投资者替代富有经验的投资者，因此，这表明富有经验的投资者能够减少盈余公告后漂移。伯纳等（2006）检验了不同类型投资者如何使用信息中介提供的重要会计信息来源，即如何使用卖方分析师的季度盈余预测的修订。具体地说，检验富有经验的投资者和缺乏经验的投资者如何使用影响分析师预测准确性的因素来评价分析师预测修订的相对准确性。结果表明，富有经验的投资者对影响预测准确性的因素之间的关系有更全面的了解，并且富有经验的投资者会比缺乏经验的投资者更能够识别一些具体因素，且更加依赖它们，这些因素会为投资者评价预测准确性提供相对它们的成本而言更大的收益。艾利等（2007）使用档案数据表明，与不包括预估盈余数字的盈余公告相比，缺乏经验的投资者（个体投资者）显著更依赖包括预估盈余数字的季度盈余公告，而富有经验的投资者（机构投资者）则表现出相反的行为，即更依赖不包括预估盈余数字的盈余公告。此外，该研究还发现在新闻公告中将预估盈余数字放在会计准则（GAAP）盈余前面位置时，缺乏经验的投资者会更依赖预估盈余，而富有经验的投资者的交易行为不会受到这两个盈余指标相对位置的影响。

并不是所有富有经验的投资者（机构投资者）的行为都是一致的，比如，布希（Bushee，1998，2001）根据交易策略把机构投资者分类为暂时的（transient）和专业的（dedicated），持有一家公司股票的暂时机构比专业机构更有可能利用短期交易机会。具体地说，暂时机构投资者的特征是，持有股票稳定性很小，较高的投资组合周转率和频繁的趋势交易；专业机构投资者的特征是，持有股票稳定性较高，较低的投资组合周转率和较少的趋势交易。暂时机构投资者的特征反映了他们对短期交易获利感兴趣。对于暂时机构投资者，相对短期的投资期限导致他们有动机收集关注近期消息的信息，而不是收集关注公司长期价值的信息（Porter，1992；Bushee，2001）。与之相反，专业机构投资者的特征反映了他们提供长期、稳定所有权的倾向，因为他们面向相对长期的资本保值或增值。相对暂时机构投资者，专业机构投资者不太关注近期盈余，进而不太可能对近期消息敏感，而是会收集更多与公司长期价值相关的信息。迪隆等（De Long et al.，1990）的研究表明，不是所有富有经验的投资者都有可能应用捕获短期效应的交易策略，但投资期限为短期的、富有经验的投资者会使用这种交易策略，通过夸大正向股价趋势导致的错误定价（即加剧泡沫），实现短期高额收益。阿提格等（Attiget al.，2012）认为长期机构投资者比短期机构投资者能更有效地收集和加工信息。长期机构投资者投资在被投资公司的资源多，促使他们获取更准确的信息，因此他们不会频繁地修正自己的信念。

（2）实验研究中具有不同经验的投资者的判断与决策。

弗雷德里克森和米勒（Frederickson and Miller，2004）使用分析师代替富有经验的投资者，非职业投资者代替缺乏经验的投资者，通过实验检验预估盈余披露对富有经验的投资者和缺乏经验的投资者的股价判断的影响。在实验中，盈余公告类型有两种，一种盈余公告只披露GAAP盈余，另一种既披露GAAP盈余也披露预估盈余，而且预估盈余大于GAAP盈余。研究发现，相比盈余公告中只包含GAAP盈余，当盈余公告中既包含GAAP盈余也包括预估盈余时，缺乏经验的投资者评价显著更高的股价；而富有经验的投资者的股价判断在这两种类型的盈余公告之间没有显著差异，即富有经验的投资者没有受到盈余公告中预估盈余的影响。后续分析为这个结果提供了解释。分析中发现50%的缺乏经验的投资者使用基于调整前期股价的启发法估值模型，因此他们认为包含预估盈余的盈余公告比不包含预估盈余的盈余公告更有利，进而给出更高的股价判断；而超过90%的富有经验的投资者使用市盈倍数或者基于现金流的估值模型，不管盈余公告中是否包含预估盈余，他们都会做出相同的调整，因此给出的股价判断没有差异。这说明富有经验的投资者可能会形成一套在股票市场上作出明智决策所必需的思维模式和估值工具，与之相反，缺乏经验的投资者缺乏对财务报表项目之间潜在关系的完整理解，导致他们使用定义不合理的估值模型，从而影响他们的判断（Maines and McDaniel，2000；SRI International，1987）。埃里奥特（2006）使用同样的替代变量指代富有经验的投资者和缺乏经验的投资者，也发现，如果在新闻公告中将预估盈余数字放在会计准则（GAAP）损失数字之前，缺乏经验的投资者认为公司盈余业绩更高并更愿意投资，但是富有经验的投资者的判断不会受到预估盈余数字相对位置的影响。总之，这些研究表明，盈余公告中预估盈余数字的存在以及它相对准则盈余指标的位置可能会影响缺乏经验的投资者或个体投资者的判断与决策，但不会影响富有经验的投资者或专业投资者的判断与决策。

谭等（Tan et al.，2014）在实验中使用人口统计信息来衡量投资者具有经验的多少，比如被试学习过的会计与财务课程数量，阅读年报和盈余公告的频率，将这些指标赋予相同的权重并标准化，计算出一个关于经验多少的得分，根据该得分中值将被试分为富有经验的投资者和缺乏经验的投资者。研究发现，当盈余公告的可读性高时，不管投资者具有多少经验，语调不会影响投资者的盈余判断；当可读性低时，缺乏经验的投资者在看到使用积极语言的盈余公告时，会作出更高的盈余判断。与之相反，当可读性低以及盈余公告使用积极语言表达时，富有经验的投资者会作出更低的盈余判断。

埃里奥特等（Elliott et al.，2010）用实验方法检验投资者类型和会计披露透明度如何共同影响分析师对公司股票错误定价的预期（即，对市场价格偏离股票基本价值的预期）。研究发现，相比专业的机构投资者，在可供出售金融证券公允价值变动收益在更透明的位置报告时，暂时的机构投资者会导致分析师预期更大的错误定价，因为暂时的机构投资者被认为由于投资持有期限短，通过保持或夸大错误定价以获得更多的短期收益。达·科斯塔（Da Costa et al.，2013）设计计算机程度模拟股票市场，检验投资经验是否会抑制处置效应，发现富有经验的投资者和缺乏经验的投资者都表现出了处置效应，但富有经验的投资者受到该效应的影响更小。

2. 不同投资目的的投资者的判断与决策

根据持有投资目的（或投资头寸）的不同，资本市场上存在持有多头头寸和空头头寸的两类投资者。心理学研究表明，当持有投资头寸选定后，做到公正的判断与决策就比较困难（Festinger，1957；Leventhal and Brehm，1962；Festinger，1964）。据此，会计文献对持有不同投资头寸的投资者在资本市场上的行为进行了研究，相关内容综述如下。

黑尔斯（2007）最先在投资背景下检验了方向性偏好对个体判断的影响，即投资者对分析师盈余预测的解释取决于持有股票的头寸（多头或空头）带来的方向性偏好。在实验中，先给予多头和空头组的被试一个任意的盈余标准，并告诉多头组（空头组）被试如果实际每股盈余高于（低于）这个标准，他们将获得收益，然后被试会看到不同程度偏离该盈余标准的十四名分析师的预测。结果表明多头投资者比空头投资者给出更高的盈余预测，尤其是评价的信息表明他们的投资会发生损失时，说明当面对偏好不一致信息时，多头投资者相对空头投资者会更乐观。

以前的研究表明管理层预告形式不会影响投资者的盈余估计，韩和谭（Han and Tan，2010）拓展了此研究，证明在某些情况下管理层预告形式是会影响投资者的盈余估计的。他们检验了投资头寸、预告形式和消息性质对投资者的有关盈余和投资的判断的共同影响，结果表明管理层盈余预告形式对投资者判断的影响取决于投资头寸（多头和空头）和消息的性质。对于积极的消息，相比在管理层给出点预告时，多头投资者在范围预告时评估更高的盈余预期，而空头投资者在点预告下要比范围预告下评估的盈余更高。持有多头头寸的投资者对公司的前景更乐观，持有空头头寸的投资者对公司的前景更悲观，该研究进一步证明投资头寸的这种作用对包含积极消息的管理层预告比包含消极消息的管理层预告更有可能发生。

泰尔（Thayer，2011）检验投资者在持有投资头寸后收到的初始信息，是否影响投资者获取作出未来判断与决策需要的信息，即投资者将会获取一套平衡的可靠信息还是获取支持他们持有投资头寸的信息。结果表明，初始收到不利信息的投资者会花费大部分的浏览时间在偏好一致的信息上，或者说投资者会更多地关注支持他们投资头寸的信息；此外，研究还表明初始收到不利信息的投资者认为偏好一致的信息更不可信，偏好不一致的信息更可信，并在此基础上作出有偏的盈余预期。

黑尔斯等（Hales et al.，2011）检验投资头寸与语言的生动性如何交互影响投资者的信念。结果表明，在牛市中收到偏好一致信息的多头投资者的判断对生动或苍白的语言描述相对不敏感；与之相反，收到偏好不一致信息的空头投资者的判断会因为信息以生动或苍白的语言来描述而显著不同，即与收到苍白语言描述的积极消息的空头投资者相比，收到生动语言描述的积极信息的空头投资者会预测更高的盈余增长。这说明即使是空头投资者面对有说服力的披露策略也很难保持悲观的信念。

2008 年 6 月 FASB 发布了征求意见稿《特定或有损失的披露：财务会计准则公告第 5 号和第 141 号（R）的修订》（Disclosure of Certain Loss Contingencies：An Amendment of FASB Statements No. 5 and 141（R）），提议降低披露或有负债的可能性临界值，从"至少合理可能"降低到"大于极小可能"，并强调希望了解该准则变革对"所有类型投资者"的影响后果（FASB，2012a），具体指出投资者的范围包括多头投资者、空头投资者和潜在投资者。因此，范宁等（Fanning et al.，2015）检验了降低或有负债披露临界值对不同类型投资者风险感知的影响。结果发现在披露临界值较高（SFAS No.5 规定的披露要求）时，投资者评估的公司披露风险与他们的方向性目标一致，即多头投资者对诉讼风险的感知是最低的，空头投资者对风险的感知最高，潜在投资者对风险的感知介于两者之间。研究还发现，在较低的披露临界值下稀释效应只对某些投资者起作用。具体地说，由较低的披露临界值带来的额外披露涉及了低可能性损失的诉讼，因此，这些额外的披露实际上并没有增加，反而通过稀释高可能性诉讼的影响降低了某些投资者的风险感知，即相比多头投资者或者空头投资者，这种稀释效应对潜在投资者的作用更大。之后，他们还发现降低披露临界值使得管理层可以使用最小化策略说服投资者评估更低的诉讼风险。也就是说，管理层可以利用降低披露临界值的规定将真正或有损失可能性很大的未决诉讼隐藏在众多或有损失可能性很小的未决诉讼中，并将这种披露归因于会计准则的要求，进而说服一些投资者把坏消息看得不那么负面，进一步地评估较低的披露风险。具体地说，当公司采用最小化策略时，空头投资者感知的风险与多头投资者已经相对乐观的风险评估一样低。

3. 是否持有股票的投资者的判断与决策

有一些研究检验了投资者状态（投资者当前是否持有股票）可能

影响投资者的投资目标：当前投资者具有防御性目标，因为他们追求保护和保持投资的安全和可靠；潜在投资者具有促进目标，因为他们追求增加财富的机会（Zhou and Pham，2004；Grant and Xie，2007）。然而，鲜有文献进一步研究不同的投资者状态（当前投资者和潜在投资者）对投资判断的影响。钱奇和法尔塞托（Cianci and Falsetta，2008）发现相对潜在投资者，当前投资者评价正面信息不太相关，负面信息更相关，未来信息不太相关，历史信息更相关。哈里斯等（Harris et al.，2014）检验当前投资者和潜在投资者会如何受到盈余锁定的影响。实验结果表明，当前投资者比潜在投资者更容易表现出盈余锁定行为。具体地说，没有作出明确业绩评价的当前投资者对盈余组成部分的有利性不敏感，即当前投资者对有利的和不利的盈余组成部分的反应没有显著差异；相反的是，潜在投资者的投资吸引力判断对盈余组成部分的有利性是敏感的，即当盈余公告包含的盈余组成部分表明更有利的业绩时，潜在投资者判断更高的投资吸引力，当盈余公告包含的盈余组成部分表明更不利的业绩时，潜在投资者判断更低的投资吸引力。

以上文献主要研究了投资者的经验多少、持有目的等因素对投资者判断与决策的影响，即区分了富有经验的投资者和缺乏经验的投资者、空头投资者和多头投资者、当前投资者和潜在投资者，以及将富有经验的投资者分为暂时的和专业的，没有涉及投资者持有投资的期限的问题。目前来看，行为会计的很多文献以个体投资者或非职业投资者为研究对象，探索个体行为对资本市场的影响（Libby et al.，2002；Trotman et al.，2011），但是，对个体投资者（缺乏经验的投资者）进行分类研究的文献较少，尤其是根据个体投资者持有投资的时间长短进行区分投资者的文献更少。

2.2.4　熟悉度与个体的判断与决策

与本书中投资者的报表项目熟悉度影响投资者判断直接相关的文献较少，在这里主要回顾判断与决策研究中个体感知的熟悉度影响个体判断与决策的相关文献。

早期对熟悉度的研究主要使用刺激物曝光多少来描述熟悉程度的大小（即，频繁曝光被看作熟悉，不经常曝光被看作不熟悉），聚焦于曝光效应的探讨。曝光效应指的是刺激物之前的曝光使个体在记忆中更容易获得有关该刺激物的信息，并影响个体的认知。扎荣茨（Zajonc，1968）操控没有含义的中文汉字的曝光频率，要求被试在好—坏量表上猜测这些汉字的意思，发现曝光与喜爱程度呈显著正相关关系，即刺激物向个体曝光会增强个体对它的喜爱。在这之后，其他心理学研究发现增加曝光会引起各种属性的有利评价，比如喜欢、善良、吸引力和满意度指标（Bornstein，1989）。还有一些文献发现曝光效应与知觉流畅性有关（Bornstein and D'Agostino，1994；Jacoby et al.，1992；Mandler et al.，1987），曝光刺激物会引发对刺激物知觉表征的形成，也就是说，当人们被要求评价以前曝光过的刺激物时，刺激物的知觉表征被激活并有助于对刺激物的编码、加工，进而增强对刺激物的知觉流畅性。知觉流畅性作为熟悉感的基础，即在一定意义上，被更快感知的刺激物往往被认为是熟悉的（Johnston et al.，1985）。心理学研究表明人们会自动编码频繁出现的信息（Zacks et al.，1982），并且这个过程会使用最小的注意力努力（Hasher and Zacks，1979）。在这些研究的基础上，陈和谭（Chen and Tan，2013）以分析师名字的曝光频率表示投资者对分析师名字的熟悉程度，检验投资者对分析师名字的熟悉程度和对分析师以前业绩的了解如何影响投资者对分析师盈余预测作出的反应。结果发现，当没有分析师的有利业绩线索时，投资者对分析师名字的熟悉感会增加其感知的分析师可信性，进而影响投资者的盈余估计；但当分析师的有利业绩线索存在时，对分析师名字的熟悉感对投资者感知的分析师可信性和盈余估计没有增量作用。

人们恐惧未知。判断和决策的实验证据表明个体偏好熟悉的商品、维持现状的选择，这个效应在资本市场也已被证明，个体更喜欢投资自己熟悉的投资品。胡贝尔曼（Huberman，2001）发现投资决策情境下存在熟悉偏差，开启了熟悉度影响投资决策的研究。该研究结果表明熟悉让人感觉舒服，而人们往往寻找令人舒服的事物，因此，人们在作出投资决策时存在熟悉偏差，更愿意向熟悉的公司投资。斯特朗和徐（Strong and Xu，2003）与图兰尼－瑞德和柯克比（Tourani-Rad and Kirkby，2005）的调查研究支持了胡贝尔曼（Huberman，2001）的结论，表明人们会更有利和乐观地评价熟悉的股票，认为熟悉的股票会带来更高的收益和更低的风险。王等（Wang et al.，2011）针对将近500

名个体投资者做了一项调查，要求他们评价不同投资产品（例如，债券、股票、黄金等）的风险，发现投资者认为某个投资产品更容易理解和更普遍时，感知更低的风险，这表明熟悉度影响投资者对投资产品风险的感知。杜和谢丽（Du and Shelley，2014）检验盈余环境的模糊性、管理层与投资者之间的熟悉度是否影响投资者对管理层盈余预告行为的判断，结果发现模糊性增加投资者听从管理层盈余预告的倾向，在投资者感觉熟悉管理层时，这种倾向最高。具体地说，当投资者对管理层熟悉时，投资者更自信并感知较小的不确定性，进而更愿意依赖管理层的盈余预告。

霍奇和普龙克（Hodge and Pronk，2006）检验职业投资者和非职业投资者在投资决策过程中利用哪种类型的在线季度财务信息是否取决于投资熟悉度。这里的投资熟悉度具体是指，投资者调查新的投资为不熟悉投资，评价当前的投资为熟悉投资。结果表明职业投资者对 PDF 格式的季度报告和财务报表的偏好受投资熟悉度的影响较小，但投资熟悉度会强烈地影响非职业投资者对不同在线报告类型的偏好。进一步分析表明，在实验中非职业投资者倾向不关注附注信息的可能原因是，该实验选择了一般的公司而不是非职业投资者熟悉的公司。马里康达和卢拉蒂（Mariconda and Lurati，2015）通过检验用户对组织机构的熟悉度如何调节新信息对组织机构声誉判断的影响，发现熟悉组织机构的被试具有更大的、更有条理的可利用信息集，这使得被试对熟悉事物的态度更稳定，并更确定自己的评价（Pollock et al.，2008）。埃里奥特等（2015c）检验披露中对具体语言的强调是否增加投资者的投资意愿，结果发现对具体语言的强调会增加投资者的投资意愿，这个效应在投资者对该公司不熟悉的时候更明显。这表明与投资者面对熟悉的公司相比，当投资者面对不熟悉的公司时，不同的语言表达形式对其投资判断的影响更大。

2.2.5　文献述评

通过对相关研究文献的回顾，我们发现，国外已形成丰富的关于信息披露形式方面的研究文献，不管是在表内如何列示还是报表以外的文件中如何披露，这些都表明不同的列示形式、列示位置等都可能对个体

43

的判断和决策产生不同的影响（Ackert et al.，1997）。然而，我国关于信息披露形式方面的研究成果较少。此外，目前国内外的研究文献主要集中于表内确认与附注披露两者之间哪个更具有价值相关性，哪个对投资者的投资判断与决策影响更大，几乎没有文献涉及不同的附注结构影响个体投资者判断与决策这方面内容的；特别是，研究附注中包含的具体报表项目以不同形式披露对投资者判断与决策的影响的文献更少。

从对不同类型投资者的判断的相关文献回顾来看，目前的研究主要集中在富有经验的投资者和缺乏经验的投资者的行为对资本市场的影响，或者说聚焦于机构投资者和个体投资者之间的投资判断与决策差异上，少量文献对机构投资者细分进行了进一步的研究。少量文献关注了投资者是否持有股票以及持有目的不同对投资者判断的影响。然而，对个体投资者进行分类研究的文献较少，尤其是研究个体投资者持有投资期限影响投资者对不同特征信息加工及后续判断的文献，目前尚未发现。

行为会计中很多文献研究个体投资者或非职业投资者对不同来源信息的反应，比如会计报表、管理层讨论与分析、管理层业绩预测、分析师盈余预测、审计报告等（Libby et al.，2002；Trotman et al.，2011）。但是，鲜有文献专门研究持有投资期限不同的个体投资者对报表附注信息，特别是对附注中不同熟悉程度的报表项目信息的反应。换言之，以不同结构呈现的、包含不同项目的报表附注信息如何影响长期投资者和短期投资者的判断与决策的文献在国内外较权威的期刊上几乎没有出现。可能的原因如下：一是档案研究难以获取报表附注信息和不同投资期限的个体投资者的相关数据，而且对附注披露的项目再进一步细分为不同熟悉程度的项目，计量起来有些难度，因为熟悉程度是一个主观、相对的概念；二是报表附注在 IASB 提议修订以前，一直以来结构形式单一，不论什么行业和什么性质的企业都使用统一的样板化附注结构，没有其他不同的附注结构提供样例。因此，在 IASB 提议修订的背景下，利用实验方法的优势可以检验不同的附注结构对投资者判断与决策的影响，以及不同的附注结构和投资者类型、投资者的报表项目熟悉度对投资者判断与决策的共同影响。

44

第 3 章　制度背景与理论基础

本章梳理了报表附注的相关规定以及目前各准则制定机构对其进行的改进，接着论述了用于解释附注结构、投资者的报表项目熟悉度和投资者类型如何影响投资者判断的相关理论，包括注意力有限理论、认知负荷理论、接近兼容原则和时间解释理论。

3.1　报表附注的相关制度

3.1.1　会计准则对报表附注的相关规定

1997 年国际会计准则理事会（IASB）修订《国际会计准则第 1 号——财务报表列报》（以下简称：IAS 1），对财务报表附注的披露内容和结构进行规范。在这之后，IASB 对 IAS 1 的实施效果一直在跟踪调查并及时修正，2014 年 12 月为了使财务报告提供更有效的沟通，对报表附注提出了全新的改进：删除 IAS 1 中有关规定财务报表附注按照报表项目列示顺序的语言，以保证实体更容易以更具逻辑性和整体性的方式交流其信息；确保 IAS1 为公司在财务报表中披露会计政策及其相应项目的位置提供了灵活性，重要的会计政策和项目在财务报表中更加突出，不太重要的会计政策和项目可以放在财务报表的后面位置。IASB 于 2017 年 3 月发布披露动议——披露原则（Disclosure Initiative—Principles of Disclosure），再次总结了造成财务报表无效沟通的原因（见表 3.1）、明确财务报表和报表附注的作用、附注披露的原则及形式。基本财务报表的作用是对企业已确认资产、负债、权益、收入、费用和现金流量提供结构化的，而且可比的概要信息。附注的作用是提供进一步的、便于使用者理解基本财务报表表内项目的必要信息；以及提供额外信息对基本财务报表进行补充说明，以达到财务报表的目标。

表 3.1 IASB 关于披露无效的分析

序号	披露无效的原因	具体例子
1	使用通用或"样板"描述	直接从 IFRS 准则中复制要求，而没有对其进行裁剪，以解释实体如何将这些要求应用于自身情况
2	使用不明确的描述	使用技术术语而不解释术语或使用提供不完整解释的描述，因为他们假定使用者不具有该程度的理解力
3	财务报表中的信息组织不当	信息分组不当或未提供目录页或其他导航辅助
4	财务报表不同部分的相关信息之间的联系不清楚	将作为借款担保的资产的信息分散在多个票据披露中，而不提供这些披露之间的交叉引用或其他联系
5	不必要的信息重复	存货附注披露重复资产负债表中的信息，没有增加额外的更多信息
6	在表格更有效时使用叙述性披露	无
7	省略重要信息或包含可能会模糊重要信息的非重要信息	无

2019 年 7 月 IASB 发布《一般列示与披露》征求意见稿（General Presentation and Disclosures）。2019 年 9 月 IASB 发布征求意见稿《会计政策的披露——对〈国际会计准则第 1 号〉和〈国际财务报告准则实务公告第 2 号〉的修订建议（征求意见稿）》（Disclosure of Accounting Policies Proposed amendments to IAS 1 and IFRS Practice Statement 2），提议以披露"重大"会计政策的要求取代原来披露"重要"会计政策的要求。此外，还提议对《国际会计准则》第 1 号（IAS1）和《国际财务报告准则实务说明》第 2 号（IFRS Practice Statement 2）进行修订，以帮助各实体在作出会计政策披露决策时应用重要性概念。2021 年 3 月 IASB 发布征求意见稿《国际财务报告准则披露要求——试点方法——IFRS 13 和 IAS 19 的修订建议》（Disclosure Requirements in IFRS Standards—A Pilot Approach—Proposed amendments to IFRS 13 and IAS 19），以公允价值和雇员福利为例，提出如何应用 IFRS 的披露要求，以帮助财务报表使用者更好地利用附注信息。2018 年 8 月 FASB 发布《财

务概念框架——第 8 章财务报表附注》（Conceptual Framework for Finan-
cial Reporting—Chapter 8：Notes to Financial Statements）的正式稿。

　　分析和总结 IASB 和 FASB 等各类准则修订的内容和各种披露征求
意见稿的反馈意见，目前对附注如何更好地提供有助于报表使用者理解
的信息基本达成共识，即遵循以下沟通原则才能增强会计信息的沟通价
值，有利于使用者的决策。具体原则如表 3.2 所示。

表 3.2　　　　　　　　　　　　　　　有效沟通原则

原则	具体解释
突出实体特征	根据实体自身的情况定制披露信息
简洁和直接	尽可能在不遗漏重要信息的情况下使用简单、直接的描述和句子结构披露信息
组织更适当	以突出重要事项的方式组织，包括以适当的顺序提供披露并强调其中的重要事项
更强的关联性	将报表中的其他信息或者分布在年报中不同位置的信息关联起来，以帮助报表使用者理解信息间的关系
更适合的形式	以适合该类型信息的格式提供：例如，列表可用于分解冗长的叙述性文本；表格可能更适合用于数据密集型信息，如对账、成熟度分析等
避免重复	不得在财务报表或年度报告的不同部分进行不必要的重复，以免影响沟通
增强可比性	在不损害信息有用性的情况下，以优化实体之间和报告期之间的可比性的方式提供信息

3.1.2　新规后的附注披露实例

　　IASB 针对 2017 年的披露动议补充发布了有效沟通的案例，主要描
述了一些公司在改进财务报表信息沟通方式方面的历程，表明在应用
IFRS 标准时，更有效地沟通信息是可行的。这些公司的经验表明，即
使相对较小的变动也可以显著提高其财务报表的有用性，因为它们使财
务报表变得更容易阅读和理解，公司外部和内部利益相关者很重视这些
变动。这些财务报表之所以更容易阅读和理解，因为公司确定了哪些信
息与其投资者相关，并对其进行了适当的优先排序，并以清晰简洁的方
式呈现，这样一来，一方面会带来对投资者有用的额外信息，另一方面
会删除无关紧要的信息。具体这些公司是怎么实际应用有效沟通原则，
实现良好的沟通效果，提升信息有用性的，下面逐一说明。

1. 反映实体特征

反映实体的特征，即根据公司的自身情况定制信息。法国电信公司（Orange S. A.）是一家跨国公司，为 29 个国家的客户提供电信和数据服务。该公司在巴黎证券交易所（泛欧交易所）和纽约证券交易所上市。21 世纪初，法国电信公司收购了一些有大量再融资需求的公司。在这一收购阶段，高级管理人员提高透明度，并根据这个阶段特征定制财务报告，以便投资者更好地了解高级管理层的战略决策。该公司在报表沟通方式上的变化是主要集中披露对投资者最重要的信息。这种改变，一方面促使该公司在附注中提供更多细节；另一方面该公司删除了投资者认为无益的细节。比如，投资者和分析师反映，分部信息是最有用的信息之一。因此，法国电信公司选择在财务报表附注部分的开头提供这些信息并增加细节的提供（见表 3.3 和表 3.4）。

表 3.3　　　　　　　　　附注 6.4 改变前的内容

改变前	
6.4 可收回金额的敏感性分析 2011 年底，对主要实体的可收回金额进行分析，从而测试其对主要假设的敏感性： • 法国总部、企业分部和比利时分别占合并实体（法国电信在 TP 的份额）估计可收回金额的 50%、8% 和 5%	同样，持续增长率正负 0.50% 的变化将使可收回金额增加或减少 3 亿至 4 亿欧元（法国电信在 TP 中的份额为 1.5 亿至 2 亿欧元）。最后，第五年后现金流量增加或减少 10%，可收回金额将增加或减少约 6 亿欧元（法国电信在 TP 中的份额为 3 亿欧元）

表 3.4　　　　　　　　　附注 6.4 改变后的内容

改变后						
7.4　可回收金额的敏感性分析						
由于经营现金流量与投资能力之间的相关性，因此使用了净现金流量的敏感性。期末现金流构成可收回金额的重要组成部分，敏感性分析中显示了其正负 10% 的变化。						
2016 年 12 月 31 日 （单位：十亿欧元）	法国	西班牙	波兰	比利时	罗马尼亚	埃及	企业
可收回金额超过测试账面价值的 100% 保证金	16.2	3.8	0.0	0.8	0.0	0.0	3.5
可收回金额的 100% 影响：						
年末现金流量变动 10%	4.1	1.2	0.4	0.2	0.2	0.1	0.3
可持续增长率下降 1%	7.0	1.9	0.3	0.3	0.2	0.1	0.4
税后贴现率提高 1%	7.9	2.2	0.4	0.3	0.3	0.1	0.5

2. 简洁且直接

"简洁且直接"的沟通原则要求使用简单的描述和句型结构，同时不遗漏有用的信息。

恒天然合作集团有限公司是一家在新西兰注册成立的合作公司，属于国际乳品行业，产品销往 100 多个国家。该公司拥有 10000 多名农民股东。此外，外部投资者（包括机构投资者和个人投资者）可以通过投资恒天然股东基金（一种在新西兰交易所和澳大利亚证券交易所上市的托管投资计划）获得基于恒天然财务业绩的回报。

恒天然通过关注投资者认为重要的信息，例如，触发合并或权益核算的事件，实现了"合并基础"附注篇幅的缩短。此外，删除了有关一般合并程序的信息，并将有关股权投资的信息重新放置到相关附注中。如表 3.5 所示，2013 年和 2016 年财务报表的以下摘录说明了这一变化。

表 3.5　　　　　　　　合并基础描述的前后对照

合并基础（改变前）
子公司 　子公司是本集团控制的实体。当本集团有权制定实体的财务和经营政策并从其活动中获得利益时，即存在控制权。在评估集团是否控制其他实体时，应考虑当前可行使或可转换的潜在投票权的存在及其影响。子公司自控制权转让给集团之日起完全合并。从控制权终止之日起，它们被解除合并。 收购成本按交易日所收购资产、发行权益工具和发生或承担的负债的公允价值计量。与收购相关的成本在发生时计入费用。在逐个收购的基础上，本集团以公允价值或非控股权益在被收购方净资产中的比例份额确认被收购方的任何非控股权益。转让对价的超额部分，……
合并基础（改变后）
在编制这些财务报表时，子公司自集团获得控制权之日起被合并，直至控制权终止之日为止。自重大影响或共同控制开始之日起，至重大影响或共同控制终止之日止，本集团在权益核算投资成果中所占份额计入合并财务报表，消除所有公司间交易。

英国独立电视台（ITV plc）是一家综合制作广播公司，在多个平台上创建、拥有并发布内容。ITV 在伦敦证券交易所上市，是富时 100 指数的一部分。在 2010 年，ITV 宣布了一项改善其英国电视广播业务业绩的计划，同时增加来自国际内容和多平台发行的收入。这不仅改变了公司的战略方向，也反思了 ITV 在财务报表中传达信息的方式。它在

其附注中加入了问答叙述，这不仅体现了简洁直接，还使得 ITV 的披露对读者更友好，更具互动性，如表 3.6 所示。

表 3.6　　　　　　　　　　　简洁且直接的方式

本集团的养老金计划是什么？
有两种养老金计划。一项对 ITV 员工开放的"固定缴款"计划，以及一些自 2006 年以来对新成员关闭的"固定收益"计划，并将于 2017 年关闭未来应计项目。在 2016 年收购 UTV 有限公司后，集团接管了 UTV 固定收益计划。
什么是固定缴款计划？
"固定缴款"计划是指集团代表选择参加退休储蓄的员工向单独的基金支付固定款项。ITV 没有进一步的参与义务。

3. 组织结构更适当

"组织更适当"的沟通原则要求对信息进行排序，以帮助财务报表的使用者理解其重要性。恒天然决定审核其财务报表的清晰度，以应对国际和本国组织（包括准则制定者、会计师事务所和监管机构）领导的有效沟通工作，以及新西兰和其他国际公司所要求的改变。该公司发布了截至 2015 年 7 月 31 日的第一份重新设计的财务报表，主要是重构了报表附注。首先，该公司确定哪些关键主题对利益相关者最重要和最相关，利用这些主题，对披露进行了重新排序，将相关附注集中成以下几个项目进行披露："业绩""债务和权益""营运资本""长期资产""投资""财务风险管理"和"其他"。这些变化在新附注结构中可见，如表 3.7 摘录所示。

表 3.7　　　　　　　　　　　报表附注结构变化

财务报表附注（改变前）截至 2013 年 7 月 31 日		财务报表附注（改变后）截至 2016 年 7 月 31 日	
附注	页码	附注	页码
1	销售成本	14	业绩	10
2	扣除财务费用前的税前利润（亏损）	14	分部报告	10
3	汇兑净损失	15	销售成本	14
4	净财务费用	15	每股收益	15
5	税费（抵免）/费用	16	扣除财务费用前的税前利润（亏损）	15

续表

财务报表附注（改变前）截至 2013 年 7 月 31 日		财务报表附注（改变后）截至 2016 年 7 月 31 日	
附注	页码	附注	页码
6　分部报告	17	负债和权益	16
7　认缴权益工具及准备金	21	认缴权益工具	16
8　应收账款及其他应收款	23	已付股利	17
9　存货	23	借款	17
10　不动产、工厂和机器设备	24	净财务费用	20
11　股权投资	26	营运资本	21
12　无形资产	27	应收账款及其他应收款	21
13　应付账款及其他应付款	28	存货	22
14　准备金	29	应付账款及其他应付款	22
15　借款	30	应付供应商款项	22
16　递延税费	32	长期资产	23
17　企业合并	32	不动产、工厂和机器设备	23
18　金融风险管理	32	生物性资产—牲畜	25
19　或有负债	45	无形资产	26
20　承付款项	45	投资	28
21　关联方交易	46	持有待售资产	28
22　集团实体	49	股本投资	28
23　期后事项	50	金融风险管理	29
24　每股收益	51	金融风险管理	29
25　与预期财务信息的比较	51	其他	35
		税金	35
		或有负债、准备金和承付款项	37
		关联方交易	39
		集团实体	41
		每股有形资产净值	42

改变后的财务报表附注在一定程度上优化了信息的交流，以长期资

51

产为例，通过浏览改变后的财务报表附注，我们可以基本理解，恒天然集团作为乳制品行业中的一家公司，其最重要的长期资产应该是不动产、厂房及设备和生物资产，其次才是无形资产。

4. 更强的关联性

"更强的关联性"原则要求将信息联系起来，以帮助财务报表的使用者理解信息间的关系。

西农集团（Wesfarmers Limited）是澳大利亚的一家企业集团，它的业务涉及超市、家居装修、办公用品和百货公司的零售部门，以及化学品、能源和化肥、工业和安全产品以及煤炭的工业部门。该公司在澳大利亚证券交易所上市。由于西农集团业务组合的多样化，其财务报表篇幅很长且充满了行业术语，这导致投资者很难找到或理解他们需要的信息。于是，西农集团成立了一个由高级管理人员和工作人员组成的小组。该小组制定了一套简化的财务报表草案，这涉及重新表述、删除和重新定位信息。例如，该小组将有关重要会计政策、判断和估计的信息重新组合，纳入相关一个附注内。表3.8是改变前的存货，表3.9说明了上述这些变化。

表3.8　　　　　　　　　　　存货（改变前）

存货	合并数	单位：百万美元
	2013 年	2012 年
原材料	103	92
在产品	27	39
完工产品	4917	4875
按成本与可变现净值孰低计算的存货总额	5047	5006

注：截至2013年6月30日的年度内，确认为费用的存货总计422.18亿美元（2012年：409.87亿美元）。

表3.9　　　　　　　　　　　存货（改变后）

存货	合并数	单位：百万美元
	2016 年	2015 年
原材料	92	112

续表

存货	合并数	单位：百万美元
	2016 年	2015 年
在产品	18	55
完工产品	6150	5330
合计	6260	5497

注：截至 2016 年 6 月 30 日的年度内，确认为费用的存货总计 481.82 亿美元 （2015 年：456.82 亿美元）。

确认和计量
存货按成本与可变现净值孰低计量。存货的可变现净值是指在正常经营过程中，估计的售价减去估计的销售成本。

关键估计：可变现净值

需要使用管理判断的关键假设是，在将存货运到其地点和销售条件时确认的影响成本的变量、估计的销售成本和预期的销售价格。这些关键假设至少每年进行一次审查。该年度与库存减记相关的总费用为 5000 万美元 （2015 年：4600 万美元）。估计中任何合理可能的变化都不太可能产生实质性影响。

将每种产品运至其当前位置和状态所产生的成本核算如下：
——原材料：加权平均采购成本
——完工产品和在产品：直接材料和人工成本，以及按正常经营能力计算的制造费用的一部分，但不包括借款费用。正在进行的工作还包括用于资源的原煤库存，包括钻孔、爆破和清除上覆岩层的生产费用。
——零售和批发完工产品：以加权平均计算的采购成本，扣除任何结算折扣、供应商回扣，也包括将库存带到其当前位置和条件所产生的费用。
与产量有关的供应商回扣，以及供应商的促销回扣，如超过其在促销活动上的支出，则作为存货成本的减少入账，并于存货售出时在损益表中确认。
关键估计：供应商返利
在损益表中确认供应商回扣要求管理人员估计在一段时间内的采购量，以及在报告日期已售出并仍有存货的相关产品。管理层的估计是基于现有的和预测的库存周转率水平和销售。这些估计数可能发生的合理变化不会产生重大影响。

　　该公司还合并了之前在单个附注中提供的披露，以帮助投资者了解不同信息之间的关系。例如，2013 年的财务报表在单个的附注中分别披露了实收资本、留存收益和资本公积。2016 年财务报表将这三种附注信息合并为一种附注，称为 "权益和资本公积"。如表 3.10 所示。

表 3.10　　　　　　　　　　**附注合并实例**

附注21：实收资本（改变前）		单位：百万美元
	合并	
	2013 年	2012 年
已发行股本－普通股（a）	23290	23286
留存股（b）	(26)	(31)
	23264	23255

附注22：留存收益（改变前）		单位：百万美元
	合并	
	2013 年	2012 年
截至 7 月 1 日的余额	2103	1774
净利润	2261	2126
股利	(1990)	(1793)
扣除税后的固定收益计划的精算收益/损失	1	(4)
截至 6 月 30 日的余额	2375	2103

附注23：资本公积（改变前）　　　　　　　　　　　　　　　　　单位：百万美元

合并	重组税收储备	资本公积	外币折算储备	套期保值储备	可用于销售的储备	股份支付储备	总计
截至 2011 年 7 月 1 日余额	150	24	(59)	189	6		310
以权益确认的金融工具的利得				55	(7)		48
重估的税收效应				(17)	2		(15)
转入资产负债表的已实现收益				(92)			(92)
员工储备金的份额							
转移的税收效应							
货币折算差额							
截至 2012 年 6 月 30 日的余额							

附注 12. 权益和资本公积（续）（改变后）

本集团实收资本的性质

54

普通股是全额支付的，没有票面价值。他们拥有一股投票权和分红权。它们没有任何影响股东收入或资本权益的特殊条款或条件，并被归类为股权。

库存股是指公司回购后持有以备将来使用的普通股。其中包括员工预留股，即根据股票贷款计划向员工发行的股票。一旦股票贷款被全额偿还，它们将转换为普通股并发行给员工。直接归属于发行新股的增量成本在股本中列示，从扣除税收后从收益中扣除。截至报告日期，已获授权发行的股票均已发行。

合并	留存收益	重组税收储备	资本公积	外币折算储备	现金流量对冲储备	金融资产储备	股份支付储备
截至 2014 年 7 月 1 日的余额	2901	150	24	50	167	5	12
净利润	2440						
股利	(2600)						
重新计量设定受益计划的利得	1						
以权益确认金融工具的利得					(49)		
转入资产负债表或净利润的已变现亏损					(206)		
联营企业及合资企业储备金的份额					(13)		
转移和重估的税收效应					86		
货币折算差额				(11)			
股份支付交易							11
截至 2015 年 6 月 30 日和 7 月 1 日的余额	2742	150	24	39	(15)	5	23

5. 更适合的形式

"采用更适合的形式"，即根据企业提供的信息类型选择一个合适的格式。

恒天然集团针对数据密集型的信息，改变了财务报表附注的格式，如表 3.11 所示。

表 3.11   形式改变实例（1）

已付股息（改变前）
如果董事会宣布，所有合作股份，包括托管人以信托形式为基金利益持有的股份，都有资格获得股息。 2012 年 9 月 25 日，董事会宣布于 2012 年 10 月 20 日向截至 2012 年 5 月 31 日发行的所有合作社股份支付每股 20 美分的股息（总计 2.87 亿美元）。 2013 年 3 月 26 日，董事会宣布于 2013 年 4 月 19 日向截至 2013 年 4 月 12 日发行的所有合作股支付每股 16 美分的中期股息（总计 2.56 亿美元）。

已付股息（改变后）		
如果董事会宣布，所有合作股份，包括托管人以信托形式为基金利益持有的股份，都有资格获得股息。应当支付给托管人的股息通过 FSF 有限管理公司（管理者）传递给单位持有人。董事会宣告发放股息的期间，在集团公司的财务报表中，股息被确认为一项负债。		
		单位：百万美元
	截至 2016 年 7 月 31 日	截至 2015 年 7 月 31 日
2016 年中期股息—每股 10 美分	160	
2016 年中期股息—每股 20 美分	320	
2015 年最终股息—每股 15 美分	240	
2015 年中期股息—每股 10 美分		160

  潘多拉（Pandora A/S）是一家国际珠宝制造商和零售商，在纳斯达克 OMX 哥本哈根证券交易所上市，其证券构成 OMX 哥本哈根 20 指数的一部分。潘多拉也重新考虑了一些附注的格式。从 2016 年的财务报表中可以看出，潘多拉重新起草了关于大宗商品价格波动带来的财务风险的叙述，并引入了表格和图表，帮助投资者更好地理解与原材料价格相关的财务风险。如表 3.12 所示。

表 3.12   形式改变实例（2）

改变前
与原材料价格相关的风险 潘多拉原材料风险是指由于原材料的波动导致额外成本的风险。最重要的原材料是黄金和白银，供应商以美元定价。 潘多拉的政策为确保稳定的、可预测的原材料价格，基于滚动 12 个月生产计划，为财政部对冲 1~3 个月远期风险的 100%，4~6 个月远期风险的 80%，7~9 个月远期风险的 60% 和 10~12 个月远期风险的 40%。任何偏离规定的地方必须得到财务总监和审计委员会的批准。商品套期保值在每个月底更新，或与修订的 12 个月滚动生产计划相联系。

续表

改变后
……从估计的对冲比率中……有关套期保值工具的票面价值，有关套期工具的公允价值见附注 4.5。
未来 12 个月的对冲比率

未来几个月	商品	所有主要货币
1 ~ 3 月	90% ~ 100%	90% ~ 100%
4 ~ 6 月	70% ~ 90%	70% ~ 90%
7 ~ 9 月	50% ~ 70%	50% ~ 70%
10 ~ 12 月	30% ~ 50%	30% ~ 50%

6. 避免不必要的重复

"避免不必要的重复"原则要求财务报表附注应当尽量避免不必要的重复，以免影响交流。

ITV plc 增加了将财务报表中提供的信息与财务报表的其他部分或年度报告的其他部分相互参照的做法。表 3.13 是 2016 年财务报表的节选，展示了一些使用了交叉引用的案例。

表 3.13　　　　ITV plc 2016 年财务报表附注节选

现金及现金等价物
现金等价物中包括 400 万英镑（2015 年：1000 万英镑），其使用仅限于满足计划销售和回租的融资租赁承诺（见注 4.2）。2016 年 3900 万英镑（2015 年：3900 万英镑）的金边债券被重新分类为其他养老金资产。这是由于试图取消对四名前格拉纳达行政人员的无资金养恤金承诺而对这些金边债券执行的抵押契约的法律行动的结果。详情请参阅附注 3.7。

另外，Orange S. A. 也试图通过使用交叉引用突出信息之间的关系并避免重复。下列来自的 2016 年财务报表的节选说明了这种方式，如表 3.14 所示。

表 3.14　　　　Orange S. A. 2016 年财务报表附注节选　　单位：百万欧元

公司净金融负债分析			
公司名称	2016 年 12 月 31 日	2015 年 12 月 31 日	2014 年 12 月 31 日
Orange SA	23154	24617	23798

续表

公司净金融负债分析			
公司名称	2016 年 12 月 31 日	2015 年 12 月 31 日	2014 年 12 月 31 日
Orange 埃及	309	862	919
Orange 西班牙	169	511	553
FT IMMO H	536	496	546
Medi 电信	423	436	—
证券化（Orange SA）	—	—	494
其他	（147）	（370）	（220）
净金融负债	24444	26552	26090
（1）2016 年变化主要是由于埃及镑贬值，而埃及镑是 Orange Egypt 银行贷款的计价货币（见附注 11.6）。 （2）2016 年变化主要是由于从欧洲投资银行获得融资报销（见附注 11.6）。			

7. 增强可比性

"增强可比性"原则要求在不损害信息有用性的情况下，以提高公司之间和跨报告期间的可比性的方式披露信息。

法国电信公司决定提高一些投资者难以理解的数据密集型信息披露的清晰度。例如，2016 年，法国电信公司用一张表格取代了股利的叙述性描述，不仅使数据更加直观，也使得三年间的对比更加清楚。如表 3.15 所示。

表 3.15　　　　　　　　　　　可比性实例

改变前	
20.4　股利 在 2010 年 7 月 28 日的会议上，董事会决定为 2010 年派发每股 0.60 欧元的中期现金股息。该中期股息于 2010 年 9 月 2 日支付，总额为 15.89 亿欧元。 2010 年 6 月 9 日，法国电信股东大会决定 2009 年每股分红 1.40 欧元。鉴于 2009 年 9 月 2 日派发的中期股息为每股 0.60 欧元，总计 15.88 亿欧元，2010 年 6 月 17 日派发的中期股息为每股 0.80 欧元，总计 21.17 亿欧元。	在 2009 年 5 月 26 日举行的法国电信股东大会上，决定对 2008 年每股分配 1.40 欧元的股息。鉴于 2008 年 9 月 11 日支付的每股 0.60 欧元的中期股息总额为 15.63 亿欧元，2009 年 6 月 30 日的分配总额为每股 0.80 欧元，总额为 20.91 亿欧元。这笔款项是以现金支付的 15.53 亿欧元，以法国电信股份支付的 5.38 亿欧元，因为股东有权获得剩余股息的 50%，即每股 0.40 欧元的法国电信股票。 法国电信股东大会于 2008 年 5 月 27 日召开，决定在 2007 年派发每股 1.30 欧元的现金股息。

改变后						
13.3　股利						
全年	被提出	描述	每股股息（欧元）	支付时间	支付方式	总计（百万欧元）
2016 年	2016 年 7 月 25 日董事会会议	2016 年中期分红	0.20	2016 年 12 月 7 日	现金	532
	2016 年 6 月 7 日股东大会	2015 年余额	0.40	2016 年 6 月 23 日	现金	1064
2016 年支付的股利总额						1596
2015 年	2015 年 7 月 27 日董事会会议	2015 年中期分红	0.20	2015 年 12 月 9 日	现金	530
	2015 年 5 月 27 日股东大会	2014 年余额	0.40	2015 年 6 月 10 日	现金	1059
2015 年支付的股利总额						1589
2014 年	2014 年 7 月 28 日董事会会议	2014 年中期股利	0.20	2014 年 6 月 5 日	现金	529
	2014 年 5 月 27 日股东大会	2013 年余额	0.50	2014 年 12 月 9 日	现金	1317
2014 年支付的股利总额						1846

3.2　相关理论

3.2.1　有限注意力理论

有限注意力是周围环境提供的可利用信息无限但加工信息的能力有限的必然结果。注意力一定是有选择性的，并且需要努力，即消耗其他竞争任务需要的认知资源（Kahneman，1973）。一些众所周知的决策偏差，比如狭窄框架（narrow framing，在没有充分反映更宽泛的思路的特定情境下分析问题的倾向）可能就来源于注意力和信息加工的有限性。

对环境刺激编码（比如，公司信息披露）和在有意识的思考中加工想法（即当分析公司披露或者披露失败时）都需要注意力。正如费斯克（Fiske，1995）讨论的，编码加工既包括取得外部信息也包括按照使信息有用的内在方式描述它。有意识的思考指的是关注特定的想法或记忆，排除其他的想法。例如，如果个体聚焦于理解一家公司财务报表的利润项目，他就很可能不能同时仔细研究报表里的其他项目。

在对环境刺激编码过程中，注意力往往被与目标相关的刺激吸引，但也会被误导。例如，注意力容易被生动的刺激吸引（Nisbet and Ross，1980）。一些刺激因为其显著性，往往比另一些刺激更容易被感知和编码。刺激的显著性是指突出、引人注目的倾向或者与其他刺激的对比程度。显著性的作用是稳健的和广泛的（Fiske and Taylor，1991）。显著性影响有关因果关系、刺激的重要性的判断。例如，如果附注中某报表项目的显著性不高，一些投资者就可能不会注意和加工该项目。而且，人们倾向于低估抽象的、统计的、基础比率的信息（Kahneman and Tversky，1973），这表明观察者直接指向披露或者经济环境的某个方面的注意力数量不必然与其经济重要性紧密相关，会受到外在形式的影响。

在有意识的思考中注意力如何指向，取决于在此过程记忆被提取的容易程度。在可得性启发法（availability heuristic）中，个体根据他们从记忆中检索证实性例子的能力评估现象的频率或可能性，一定程度上，更显著或更形象的事实更容易获得。一个普遍的发现是：显著的线索会削弱不太显著线索的作用，无关线索的出现会引起个体较少地使用相关线索（Kruschke and Johansen，1999）。因此，注意力偏差会偏误信念。有限的注意力通常导致个体按照列示的形式使用信息，而不是根据信息内容实质作出恰当的调整（Slovic，1972；Payne et al.，1993）。赫舒拉发和张（Hirshleifer and Teoh，2003）分析了当投资者具有的注意力和信息加工能力有限的时候，公司对信息列示备选方法的选择和不同的列示对市场价格的影响，发现由于投资者有限的注意力，即使信息含量相同的披露但其披露形式不同也会对投资者的价格感知有不同的影响。也有实验研究发现以不同方式列报一家公司的等量信息会影响投资者的估值和交易（Libby et al.，2002；Maines，1995）。这些都说明有限注意力可能会影响现实资本市场中投资者的行为与定价。

3.2.2　认知负荷理论

认知负荷理论（Cognitive Load Theory）是关于复杂认知任务学习的，关注认知资源在学习和解决这些任务的过程中如何被整合和使用（Sweller，1988；1989）。在学习过程中，学习者通常在有意义的学习开始前已经被大量需要同时处理的交互影响的信息要素淹没，这给学习者带来了负担。认知负荷理论将这些负担称为认知负荷，包括三个组成部分：内在负荷（intrinsic load）、外在负荷（extraneous load）和相关负荷（germane load）。内在认知负荷是由任务内在的复杂性引起的；外在认知负荷是由任务材料的设计和形式引起的；相关认知负荷与加工和理解任务必需的努力相关。内在认知负荷是不可改变的，但外在和相关负荷受任务设计的影响（Sweller et al.，1998；Paas et al.，2003）。无效的任务设计会导致认知负荷过载（Rose and Wolfe，2000；Rose，2002；Rose et al.，2004）。

为了控制这些复杂任务带来的认知负荷过载，认知负荷理论利用当前人类认知结构的知识形成一些控制技巧。人类的认知结构由长时记忆（long-term memory）和工作记忆（working memory）组成。其中长时记忆的容量几乎是无限的，存储以前已获得的信息；工作记忆在容量和持续时间上是有限的，信息储存在工作记忆中而且又不复习，30秒内就可能消失，工作记忆的容量有限到只能储存4条左右的信息要素。因此，在信息被存储到长时记忆之前或者已经被存储之后，工作记忆才处理这些信息，这等同于意识，在一定意义上我们只意识到目前工作记忆正在处理的信息，不会意识到大量的存储在长时记忆里的信息。也就是说，从任务中获取的信息将在工作记忆中被储存和加工，而工作记忆的能力有限，又导致有限的认知加工能力，于是便产生了认知负荷过载（Sweller，1988）。

根据以上对于认知负荷组成部分的特征和认知负荷过载的论述，可以看出导致认知负荷过载的因素有信息的内在本质、信息的呈现形式及学习人员的特征，信息内在本质无法改变，但可以改变信息呈现形式和人员外在特征来减轻认知负荷。有研究表明非专业人员在存储信息和从长期记忆检索信息上与专业人员不同。相比专业人员，非专业人员长期记忆的知识量更小，从短期记忆提取知识更困难；但专业人员从工作记忆获取信息的能力较强，这在一定程度上说明丰富的知识可以缓解工作记忆中的有限加工能力（Glaser，1982），进而提高认知负荷承载能力。另外，非专业人员有限的工作记忆使得他们难以整合多条信息，尤其这些信息是分散的时候，但有效的任务设计会影响认知负荷（Rose et al.，2004），因此可以改变分散信息的呈现形式减轻信息使用者的负担。具体到在资本市场上，相比专业投资者，个体投资者作为非职业投资者，财务与证券等专业知识掌握较少，对于分散列报的会计信息处理起来是有难度的，但通过改变信息列报方式，比如集中或者放在显著位置，是可以克服工作记忆给他们带来的局限性，促使他们快速识别相关信息的。

3.2.3　接近兼容原则

人们在面对复杂、高度自动化的系统时会同时处理很多任务，通常假定人们有能力高效地提取和处理来自多个来源的信息。然而，从多个来源提取信息往往需要人们大量的、有时是超越人类极限的认知资源。为了帮助人们克服认知局限性，胜任多个来源的信息的提取、整合和决策，一些研究人员建议使用改变信息列示形式的方法，因为列示形式的使用可能会促进利用知觉组织中相对有效的加工（例如，Smith，1976；Jacob et al.，1976；Goldstein，1981；Wood et al.，1981）。具体地说，改变信息的列示带来耗费时间的序列加工被更快速的整体加工取代，可能在一定程度增强个体的任务业绩。接近兼容原则（Proximity Compatibility Principle）就是由此发展而来，主要是关于列示形式如何影响个体获取信息、加工信息的。

加纳（Garner，1970）使用多个信息来源的任务研究注意与视觉刺激维度的交互作用关系，连同加纳和费尔佛里迪（Felfoldy，1970）的研究表明，如果任务的多个维度是相关的并且它们的值需要被合并到一个整体判断中，个体在整合列示这些维度时比分散列示时判断的值更高。威肯斯和安德烈（Wiekens and Andre，1990）对其进行扩展，形成接近兼容原则框架，发现只有在执行任务中信息能够或需要被整合加工时，信息列示的接近性的好处才会实现，也就是说信息列示的接近性与信息加工的接近性是兼容的。随后，威肯斯和卡斯韦尔（Wiekens and Carswell，1995）明确了接近兼容原则的定义，是在考虑与其他列示的相关性之后，用来确定某个列示应该处于什么位置的指南，即远离其他列示还是与其他列示整合在一起列示。最优的列示应该在感知和加工两个维度上都是最接近的和兼容的。感知接近性（Perceptual Proximity）又称为列示接近性，是指传递任务相关信息的列示方式在使用者的感知空间里的接近程度，如果两个信息在使用者的感知空间上相近、颜色一致或使用相同的物理特征或使用相似的编码，那么它们从感知上就是接近的（Carswell and Wickens，1987）。感知接近性受信息在哪里列示以及怎样列示的影响。加工接近性（Processing Proximity）是指两个或两个以上信息来源在多大程度上被用作同一个任务的一部分。也就是说，如果这些来源被集中到同一个部分，它们的加工接近性就比较高；如果这些来源是独立的、分散在不同的部分，它们的加工接近性就比较低。

当需要对复杂的、多条信息进行整合时，以较高的感知接近性和加工接近性列示信息，个体的成绩会更好（Wickens and Andre，1990；Lipe and Salterio，2000；Carswell and Wickens，1996）。梅尔（Mayer，2001）发现当学生学习包含相关的信息要素但在空间上分散的传统样例时，由于注意力分散在不同来源信息上，导致无法提高学习水平甚至变得更差；但当学生学习图表和相关说明被集中列示的样例时，成绩要好于学习传统样例的时候。霍奇等（Hodge et al.，2010）的研究也表明，增加预测相关的现金流信息在空间上的接近性能够帮助非职业投资者更快速地了解相关现金流信息，提高预测质量。进一步地，提高列示现金流信息的感知接近性也增加了信息的加工接近性，能够帮助信息使用者更好地整合信息，进而提高依赖此信息作出的投资判断的质量。

3.2.4 时间解释理论

在日常生活中，人们要对临近的将来或较远的将来发生的事情作出判断与决策，比如一个人可能要提前几天或提前几个月决定是否参加一个会议。时间解释理论（Temporal Construal Theory，TCT）就是解决事情的时间距离如何影响人们对该事情作出决策这个问题的。李伯曼和特罗佩（Liberman and Trope）在 1998 年提出时间解释理论，认为时间是一种心理距离，会影响个体解释信息的方式，进而影响其认知和行为。时间解释理论是时间心理学与决策心理学理论的融合，将时间距离、心理表征和行为决策联系在一起。之后，该理论得到了丰富的实证支持和深入的发展，从时间上的心理距离扩展到其他距离维度，包括空间距离、社会距离（例如，自我 vs. 他人，群体内 vs. 群体外和实际的 vs. 可能的身份），假设发生事件与真实发生事件的距离，最终形成一套系统的心理距离理论，称为解释水平理论（Construal Level Theory）(Liberman，2007）。

时间解释理论将时间因素融入个体对未来事件的反应机制中，提出个体会使用具体的心理模式或低水平的解释来表征临近的未来事件；对于较远的未来事件，个体则会使用抽象的心理模式或高水平的解释来表征（Liberman and Trope，1998）。高水平解释是指个体在解释信息时关注相对简单和核心的表征，包括事物或事件的概括性的、高级的、本质性的特征；低水平解释是指个体在解释信息时关注相对详细的、事务性的表征，包括事物或事件的具体的、低级的、附带性的特征（Cantor and Mischel，1979；Sherman et al.，1999）。根据瓦拉彻和韦格纳（Vallacher and Wegner，1987）的研究，行为的"为什么"部分构成高水平的行为识别，行为的"怎么样"部分构成低水平的行为识别。因此，高水平解释包括高级的行为识别，即为什么这样做；低水平解释包括低级的行为识别，即怎么做成这样的。随着行为发生的时间距离的变化，个体对未来行为的心理解释也随之不同。时间距离越大，个体越容易使用高水平解释，关注行为"为什么"的部分，即根据主要的、概括性特征来解释行为；时间距离越小，个体越容易使用低水平解释，关注行为"怎么样"的部分，即根据次要的、具体特征来解释行为。

时间距离影响个体结果预期的研究比较少，但这些研究表明个体通常对较远的未来结果比临近的未来结果更乐观和自信。尼姗（Nisan，1972）的结果显示个体，尤其是成功导向而不是是失败导向的个体，预期自己在较远的未来任务上比在临近的未来任务上表现更好。吉洛维奇等（Gilovich et al.，1993）的一系列研究表明个体对较远的未来任务有更高的业绩预期，并发现相比较远的未来任务，个体更多地关注临近的未来任务面临的困难方面。萨格里斯塔诺等（Sagristano et al.，2002）利用摇色子、纸牌游戏和抽奖活动研究发现，时间距离在偏好上增加了回报的影响而降低了回报实现的可能性的影响，即相比临近的未来，对于较远的未来的赌博行为，被试提供更多的有关回报的原因，以及更少的有关实现可能性的原因。同时也发现，面对较远的将来时，被试更强调结果实现的愿望，面对临近的将来，被试更强调结果实现的可行性。

第4章 附注结构与投资者判断的 理论分析与假设形成

本章主要是分析附注结构、投资者的报表项目熟悉度和投资者类型影响投资者判断与决策的理论逻辑，并依据这些理论提出本书的研究假设，主要包括以下内容。首先主要阐述个体判断与决策的含义、基本原理，以及判断与决策在会计领域的应用；其次依据信息加工中的认知负荷理论、接近兼容原则等心理学理论，阐明附注结构对投资者感知的决策相关性、投资风险和判断的投资吸引力的不同影响；再次依据认知负荷理论、熟悉效应和时间解释理论等心理学原理，探讨了附注结构、投资者的报表项目熟悉度和投资者类型三者如何共同影响投资者的判断；最后建立中介分析模型，试图理清附注结构、投资者的报表项目熟悉度和投资者类型影响投资者判断的中间机制。

4.1 投资者的判断与决策

4.1.1 判断与决策

判断与决策（Judgment and Decision Making，JDM）是众多认知过程中的一部分，在该过程中个体至少被给予两个方案，并从中进行选择。判断通常是指形成一个想法、意见或对事物、事件、状态或另一类现象的估计。判断往往以对未来的预测或事情当前状态的评价的形式出现。决策指的是对当前问题作出决定并采取行动。决策通常在判断之后，根据对备选方案的判断以及有可能根据对某些因素的偏好，比如风险和金钱，在这些备选方案中作出选择。换句话说，判断反映个体的信念，决策可能既反映信念也反映偏好（Bonner，1999）。在判断与决策的简单模型中，判断与决策过程包括三个阶段：信息输入（Input）、信息加工（Process）与信息输出（Output）。认知心理学和决策学的研究人员已经使用不同的方法对该领域进行了大量研究：有些研究关注信息的获取（输入），其他研究则对个体使用不同的策略评价信息和作出决策（加工）感兴趣（Ghani et al.，2009；Maines，1995；Libby and Lewis，1977）。

目前研究判断与决策的方法可归纳为三种：规范的（Normative）、描述性的（Descriptive）和示范性的（Prescriptive）。使用规范方法的研究关注个体应该以什么样的方法做决策，描述了决策的理想模型。它们建立在逻辑原则和假设的基础之上，并形成一套研究人员用来比较个体决策的标准。这些标准来自概率论、效用理论、预期效用理论和统计学，并形成通常称为的"理性"（Baron，1994）。使用描述性方法的研究探讨了个体实际上是如何作出决策的。个体决策时会使用不同的机制，这些机制是经验法则，通常称为与环境交互作用演化而来的启发法。启发法在它们演化的情境下是非常有效的，可以节约时间和其他资源。然而，当启发法应用不同于其演化所处的情境时，它会导致个体在决策中产生系统的错误。使用示范性方法的研究旨在帮助个体达到规范性研究规定的标准的启发法。同时，规范性研究是说明个体应该如何决策的方法，与之相反，描述性研究是解释个体决策的方法。示范性研究帮助个体减小描述性和规范性模型之间的差距（Shiller，2004；Baron，1994）。

判断与决策研究的理论基础是建立在西蒙提出的有限理性和满意的概念上的（Libby et al.，2002；Stracca，2004；Kelton et al.，2010）。决策过程是个体与问题的交互作用，"在此过程中，相比于问题的大小，规划和解决问题的人类思维能力是非常小的；现实世界中问题的解决需要客观理性的行为，或者是非常接近这种客观理性的行为"（Simon，1957）。尽管在规范研究中假设个体能够获得并具备加工解决问题所可能需要的全部信息，但是个体能够加工的信息数量是有限的。因此，保持理性对于个体来说几乎是不可能的。相反，个体依赖启发法。判断与决策研究中研究了启发法和个体如何使用它们。基于描述性模型的研究就是"回归到人类本身，试图回答拥有有限时间和知识的人类如何表现"（Gigerenzer，2004）。

4.1.2　会计中的判断与决策

会计报告的目标是帮助使用者决策。决策反映人类的信念和偏好，如何决策一直是认知领域的研究主题，因而会计研究受到认知心理学研究的影响就不足为奇了。例如，里亚希－贝克奥伊（Riahi-Belkaoui，1990）针对会计建立了一个信息与决策模型。在该模型中，财务报表使用者首先接触会计现象，然后使用者根据这些接触建立一种心理结构——对这些现象进行分类的模式。这些模式首先被储存在短期记忆里，然后再被储存在长期记忆里。当使用者面对一个会计问题时，该问题会引发对解决该问题有用的一种特定模式的搜寻和检索。然后，被选择出来的模式与新信息进行比较、结合，作出判断与决策。如果问题与选出的模式匹配，这个决策几乎是自动的；但是如果选出的模式与新问题不匹配，这个加工过程就变成有意识的，该模式可能会被修正或者新模式可能被创建。然而，会计中的判断与决策研究在审计和信息系统中历史悠久、范围广泛，在财务会计领域并非如此。20 世纪 70 年初期戈内德斯和多普奇（Gonedes and Dopuch，1974）的批评使得行为研究人员离开了财务会计领域。该批评持有的观点是，个体偏差对于整体来说是不成立的，市场会弥补个人的错误；他们还认为当时可用的研究方法与研究问题不匹配，缺乏解释投资者行为的心理学和经济学理论（Libby et al.，2002；Maines，1995）。到了 20 世纪 80 年代，心理学和研究方法的发展重新开启了行为会计研究，并日益增加。行为会计研究主要关注投资者和债权人作为决策者的角色。该类文献假设投资者面对这样的问题"预测未来股利和股价的变化，以及评价这些回报的不确定性（风险）"；债权人的任务是"确定贷款给企业的金额和条款，以及预测未来现金流以评价贷款本金和相关利息被偿还的可能性"（Maines，1995）。不管在哪种情况下，行为会计研究的目标是在投资者使用财务报表的条件下，了解心理和行为特征对市场的影响（Stracca，2004）。

根据输入—加工—输出的判断与决策框架，行为会计研究可以分为两大类：第一类研究关注输入和寻找信息对投资者和债权人的作用；第二类研究关注加工信息，这类研究把判断与决策文献应用于投资者和债权人，比如启发法的使用及其产生的偏差（Maines，1995）。对于会计，关注输入信息对决策的影响是一个重要的研究领域，因为会计职业负责确定什么类型的信息应该包括在财务报表里，以及确定计算这些信息的方法。理解不同的信息特征如何影响个体，以及呈现信息的形式如何改善个体决策过程对于更好地理解财务报表的作用是重要的。这个领域的会计研究关注四个主题：信息的具体类型如何影响财务报告使用者，不同会计方法的使用，列示信息的数量和信息以什么形式列示（Maines，1995）。会计中关于列示形式的研究尽管没有像会计中的其他判断与决策研究起步那么早，但关于列示形式的会计研究发现形式是与决策高度相关的。个体在学习上具有局限性，而用于列示信息的形式可能会帮助个体克服这些局限性。因此，列示形式可能减轻决策者的一部分认知负担，提高个体判断与决策的准确性（Ghani et al.，2009；Weber et al.，2005），并因此改善判断（Bertin，1983）。总之，不仅是信息内容，还有信息列示的形式也会影响个体的决策。本研究涉及的提议修订的报表附注结构修改了附注信息列示的形式，因此我们预期这将会改变投资者对附注信息理解的准确性，进而改变投资者的判断及其投资决策。

4.2 附注结构与投资者判断

4.2.1 附注结构与投资者感知的决策相关性

认知负荷过载指的是过多的负担放在工作记忆里，导致有限的认知加工能力（Sweller，1988），具体地说，人们从判断与决策中获取的信息将在工作记忆中被储存和加工，而工作记忆的能力是有限的，这就导致了人们有限的信息加工能力。有限的信息加工能力会影响个体在决策中对信息的使用（Miller，1956；Baddeley，1992；Libby and Trotman，1993），因此，认知负荷过载经常带来负面影响，比如人们陷入信息中迷失方向（Conklin，1987），解决问题时犯错（Tarmizi and Sweller，1988；Sweller et al.，1990）。具体到投资者投资决策的背景中，投资者在作出投资判断和决策时，需要通过报表附注获取关于报表项目的详细信息；然而当前分散披露的附注结构是对报表里的项目逐项解释，有的还是重复地注解相同或相关的项目，并且分布在几十页甚至上百页当中，严重超出投资者的认知负荷，使投资者陷入搜寻信息中，无法高效地获取与自身决策相关的信息。在霍加斯（Hogarth，1980）提出包括信息获取、信息加工和决策结果三个阶段的个体信息加工模型后，大量研究表明信息获取和信息加工会受到信息线索列示形式（Clements and Wolfe，2000；Hodge et al.，2004；Maines and McDaniel，2000）和认知负荷过载（Rose et al.，2004）的影响。此外有研究表明非职业投资者在处理信息时通常采用顺序加工的方法（Maines and McDaniel，2000）。因此，面对当前分散的附注结构，个体投资者通常会逐项逐条地阅读以寻求有用的信息，如此一来，个体投资者会消耗大量的认知资源，甚至超出自身的认知能力，这将导致个体投资者无法充分、有效地加工信息，进一步地致使个体投资者不能充分地理解和利用附注信息，认为附注信息与决策无关，甚至直接忽略附注提供的信息（Jett and George，2003）。

IASB 发布的《披露动议——对〈国际会计准则第 1 号〉的修订（最终稿）》①（Disclosure Initiative：Proposed amendments to IAS 1）对附注结构进行改进，提议当主体确定附注的系统列报方式时，不一定按照《国际会计准则第 1 号》第 114 段要求的顺序，即按照主报表中项目的排列顺序披露附注；也可以按照系统的方式组织附注披露信息的列示，例如，附注披露应以强调更相关的信息或者突出部分披露之间的关系的方式出现。具体而言，把与特定活动相关的信息集中披露，或者把使用类似计量方法的项目集中披露，比如以公允价值计量的所有资产项目。信息列示形式影响信息的获取（Clements and Wolfe，2000；Hodge et al.，2004）和信息评价过程（Maines and McDaniel，2000；Hodge et al.，2004）。改进后的把报表项目集中披露的附注结构将报表中相互关联的项目联系起来，这减轻了投资者搜寻相关信息的认知负荷，增加了投资者获取信息的灵活性，使投资者不必陷入长篇大论的附注中逐项寻找与自己决策相关的信息，并且具有更多的认知努力去加工、评价与决

---

① 文中使用的专业术语来源于财政部会计准则委员会。

策相关的信息。因此，改进后的附注结构有可能会改善信息获取并影响信息评价和决策结果。此外，根据接近兼容原则，任务列示形式的改变会带来耗费时间的序列加工被更快速的整体加工取代，并可能在一定程度增强个体完成任务的成绩；尤其在需要对复杂的、多条信息进行整合时，以较高的感知接近性和加工接近性列示任务信息，个体的成绩会更好（Wickens and Andre，1990；Lipe and Salterio，2000；Carswell and Wickens，1996）。改进后的附注结构将原本分散在报表不同位置的项目按照一定的关联集中在一起披露，不仅让个体投资者感知到较高的接近性，能够快速地寻找到决策有关的所有信息，而且也提高了附注信息的加工接近性，有利于投资者整合信息，使投资者对这些信息的加工和评价也更容易，进而感知附注信息更有用、更相关（Koriat，2008）。综上所述，与报表项目分散披露的附注结构相比，将报表项目集中披露的附注结构可能会使投资者感知更高的决策相关性。

以前的研究表明财务信息在文本中的披露位置也会影响个体如何评价披露的信息。博文等（Bowen et al.，2005）使用不同位置来表示管理层对 GAAP 盈余和预估盈余的强调程度：（1）在标题上；（2）在第一段或第二段；（3）在盈余公告的更下面一段。结果发现，市场对于管理层在盈余公告中强调的盈余指标（比如，在标题上突出的 GAAP 盈余）反应更大。埃里奥特（Elliott，2006）发现当公司在盈余公告中使用不同的位置，相对 GAAP 盈余更强调预估盈余时，非职业投资者对预估盈余反应更强。艾利等（Allee et al.，2007）的检验结果表明，在盈余公告中预估盈余放在 GAAP 盈余的前面时，个体投资者更依赖预估盈余。另外，心理学研究表明页面布局中的空间位置对个体获取信息有显著不同的影响（Graham et al.，2011）。还有研究人员发现搜索目标位置的不同导致被试在进行视觉搜索时对该目标的记忆程度有显著的差异（Liversedge et al.，2011）。胡凤培等（2005）的研究表明将信息凸显列示能显著减少个体的视觉搜索时间，提高视觉搜索的绩效。改进后的附注不仅将信息集中披露，而且根据相对重要性将对投资者决策产生重要影响的信息放在显著位置披露，比如将金融工具包括的各项目及其价值变动集中在金融工具项目下披露，并放在附注的首要位置。一方面，这样的附注结构提高了投资者对集中信息的关注度，使其在进行投资决策时更看重这些信息；另一方面位置显著让投资者快捷地搜索到需要的信息，也减少投资者的信息加工时间和努力，让投资者感觉这些信息更容易获取，并会依赖这些信息作出恰当的决策。因此，与将报表项目集中披露的附注结构相比，将报表项目集中且放在重要位置披露的附注结构进一步地使投资者感知更高的决策相关性。根据以上分析，提出以下假设：

H1a：与现行按照报表项目分散披露的附注结构相比，对按照报表项目集中披露的附注结构，投资者感知的决策相关性更高；

H1b：与按照报表项目集中披露的附注结构相比，对按照报表项目集中及重要性披露的附注结构，投资者感知的决策相关性更高。

4.2.2　附注结构与投资者感知的投资风险及判断的投资吸引力

霍加斯（Hogarth，1980）的研究表明判断任务的具体结构会损害或促进信息获取，影响人们获取什么信息以及获取数据量的多少，进而影响判断。信息孤立地分散披露的附注结构会消耗注意力有限的投资者过多的认知资源，让投资者感觉认知负荷过载，是不利于信息获取的，以致投资者可能会忽略掉一些相关信息，依据不全面的信息作出不恰当的判断。与之相反，集中披露的附注结构可能就会促进信息获取。根据认知负荷理论和接近兼容原则，当信息更接近地列示时，会减轻使用者的认知负荷，促进使用者更有效地和高效地整合信息。增加信息接近性的方法之一就是将分散在不同位置列示的信息集中在同一个位置列示。显然，改进后的将所有相关报表项目集中披露的附注结构就增加了信息的可接近性，有助于使用者获取、整合信息，并提高使用者理解信息的能力。而信息理解能力的提高又会降低信息使用者感知的不确定性。人们对一个项目越了解，在做决策时感知的风险越小，因为心理学中的风险感知理论认为，风险感知不是通过分析程序进行风险判断的，而是凭直觉获得的对风险的感受——担心、害怕、恐惧和焦虑等，人们对风险的感知主要来源于未知（Slovic，1987；Loewenstein et al.，2001；Slovic et al.，2004）。罗丝等（Rose et al.，2010）的研究也表明，对普遍存在的内部控制缺陷进行更详细地披露能够改善投资者对投资风险的判断，会让投资者感知到更小的投资风险。因此，我们认为改进后的附注结构将金融工具或存货等项目相关信息集中披露，有利于投资者全面了解正确决策需要的信息，降低投资者对公司投资风险的感知。

此外，西蒙（Simon, 1969）和一些实验研究表明，如果人们被其他任务（无论多么简单）干扰，存储在工作记忆中的数字信息量就会下降，很难把干扰前后的数字关联起来。在分散披露的附注结构中，金融资产或存货及其价值变动的数字信息是分散在附注的不同位置披露的，中间穿插着繁多的其他报表项目的信息，由于工作记忆的能力有限，投资者难以把位于前面的资产期初、期末余额数值与分列在后面的价值变动损失金额联系起来。而且，根据以往的研究，投资者往往忽略与盈余相关的其他报表项目，主要关注直接影响盈余增减的损益类项目（Bushee, 2001; Graham et al., 2005; Houston et al., 2010; Chen et al., 2011）。换言之，在面对分散披露的附注信息时，投资者主要关注金融资产的公允价值变动损失或存货的减值损失，认为该企业遭受了较大的损失，进而感知投资该企业的风险可能比较大，相应地判断该企业的投资吸引力可能会比较小。有研究表明数据信息的列示形式影响个体对数据的加工能力，而较强的数据加工能力又与准确的风险判断相关（Hamm et al., 2003）。赖特（Wright, 1973）指出把相关数字放置得更接近是有益的，有利于个体加工数字信息。埃伦伯格（Ehrenberg, 1977; 1981）的研究发现，数据信息的恰当列示会节约使用者的时间和认知资源，并促进使用者更充分、更优化地使用这些数据。其中一个恰当的列示形式就是将数字信息比较接近地集中列示，这样便于使用者搜索和比较这些数字。在集中披露的附注结构中，金融资产或存货的期初、期末余额及其价值变动金额集中在一起披露，投资者不仅能快速地搜寻到这些信息，而且会充分地整合加工这些信息。也就是说，投资者会把同时看到的公允价值变动损失或存货减值损失和资产的期初、期末余额进行比较，计算出公允价值变动损失或存货减值损失占相应资产期初余额的比例较大，得出资产自身的波动性较大，是一项不稳定的资产的结论，在投资判断时剔除该不稳定资产带来的非持续性损失，认为当前利润质量可能更高。此外，由于资产波动性大，在未来资产的公允价值变动下降或存货减值存在不确定性，也可能会反转，即价值上升或减值转回，因此，投资者感知的投资风险可能会比较低，相应地，投资者判断的投资吸引力可能会比较高。一些也研究表明，投资者的风险感知影响投资者的决策行为。凯尔等（Keil et al.，2000）证明可以通过操控个体的风险感知修正决策，这说明风险感知是影响决策的重要因素。投资者感知越小的投资风险，投资者就越有可能进行投资（Kahneman and Lovallo，1993；Clarke and Lovegrove，2000；Sitkin and Pablo，1992；毛华配等，2013）。因此，我们预期当集中披露使投资者感知的投资风险越低时，投资者投资该企业的意愿可能越高，判断的投资吸引力也可能越高。基于以上分析，提出以下假设：

H2a：与现行按照报表项目分散披露的附注结构相比，在改进的集中披露的附注结构的情况下，投资者感知的投资风险可能更低；

H2b：与现行按照报表项目分散披露的附注结构相比，在改进的集中披露的附注结构的情况下，投资者判断的投资吸引力可能更高。

4.3 附注结构、报表项目熟悉度、投资者类型与投资者判断

74

4.3.1 报表项目熟悉度与投资者判断

法齐奥等（Fazio et al.，1989）的研究表明熟悉度对个体的态度行为有显著影响，这在心理学上称为"熟悉效应"。具体地说，个体往往喜欢和习惯自己熟悉的事物，对自己不熟悉的事物会有负面的评价（Zajonc，1968）。扎荣茨还通过一系列有影响力的研究观察到相比不熟悉的事物，人们偏好以前见过的、熟悉的事物，因为不熟悉的事物与不确定性相关联，而熟悉的事物给人带来安全感，至少没有负面记忆（Zajonc，1980；1998）。与扎荣茨发现的熟悉带来安全的假定一致，大量研究发现感知的风险随着熟悉程度的增加而下降（Richardson et al.，1987；Weber et al.，2005；Zuckerman，1979）。行为金融研究认为投资者在投资决策中存在熟悉偏好，会因为对风险事件的不同熟悉程度而改变个人的风险认知，进而改变投资决定（Chew et al.，2012；Huberman，2001）。希思和特沃斯基（Heath and Tversky，1991）做了一系列实验检验熟悉对人们押注行为的影响，结果表明保持判断概率不变，相

比在人们感觉不胜任或不知情的情境下，人们偏好在认为自己熟知或胜任的情境下押注。默顿（Merton，1987）发现投资者仅在买卖他们熟悉的证券。

本研究涉及的投资者的报表项目熟悉度是指投资者对会计报表里的金融工具或存货的相关项目的熟悉程度。金融工具是一种货币性手段，包括股权、债务和衍生产品，主要用于交换、结算、投资、融资。20世纪 70 年代以来，西方各国出现了金融自由化浪潮，带来了各种金融工具的创新（李扬，1999）。80 年代国际会计准则委员会（IASC）启动制定金融工具会计准则的工作，1994 年发布征求意见稿 ED48《金融工具》，1995 年《金融工具：披露与列报》发布，1998 年 IAS 39《金融工具：确认与计量》发布，2005 年 IFRS 7《金融工具：披露》发布，之后由于金融市场快速地变化和创新，金融工具准则不断地进行修订，直到现在有关金融工具的规范（IAS 32、IAS 39 和 IFRS 9）仍在改进中。在我国，改革初期处于计划经济与市场经济并存的局面，金融市场与金融产品均处于复苏与待兴阶段，金融会计在这种经济环境下更是几乎没有发展。到了 1993 年才出台《金融企业会计制度》，随着市场经济的发展和金融改革的深化，2001 年对该制度进行了大幅度修订，但仍停留在金融行业，2006 年新会计准则体系中出现了四条针对金融工具会计处理的具体准则，这是金融工具会计处理"质的飞跃与突破"①。2013 年我国财政部继续对《企业会计准则第 37 号——金融工具列报》进行修订，并于 2014 年执行。从以上国内外的现状看，金融工具本身的复杂性以及金融工具会计规范繁杂带来的金融工具会计处理的难度，导致不管是财务报表的编制者、审计师、信息中介还是报表使用者都对其了解不够充分，一致认为金融工具是相对不熟悉的项目。相比而言，存货项目自有了商品交易就存在了，存货的会计处理也随着复式记账的产生而产生，日益发展并有所改进，但基本会计核算无较大变化，因此对于财务报表使用者，存货是一项非常熟悉的项目，对存货会计处理的了解也比较充分。因此，根据上述熟悉效应和熟悉——安全假定，当投资者在附注中看到金融工具相关项目时，因为是不熟悉的项目，感知的投资风险相对较高，不愿意投资，相应地判断的投资吸引力相对较小；

---

① 孙铮，刘浩. 经济环境变化与会计思维转换［N］. 上海证券报，2006 - 3 - 2，A7 版.

而在附注中看到存货相关项目时，因为比较熟悉，感知的投资风险相对较低，更愿意投资，相应地判断的投资吸引力也相对较大。

4.3.2　投资者类型与投资者判断

本节对投资者类型的界定是基于投资者持有投资的期限不同，即根据持有投资期限的长短将投资者分为长期投资者和短期投资者，因此这两类投资者如何作出投资判断取决于投资者对时间认知的差异以及在此基础上的信息加工方式的不同。时间解释理论认为，与临近的将来发生的事情相比，人们对于较远的将来发生的事情更乐观。比如，考虑较远的将来的人们会低估那些可能阻止积极结果出现的因素，会更有信心（Nussbaum et al.，2006），感知将的任务不太困难（Tsai and Thomas，2011），关注使他们成功的原因而不是关注导致他们可能失败的原因（Eyal et al.，2004；Gilovich et al.，1993；Weinstein，1980）。人们对将来的预期经常是不切实际的乐观（Weinstein，1980），有证据表明大约80%的人对将来的预期要比实际到来的时候更好（Sharot et al.，2011；Strunk et al.，2006）。从这个角度分析，长期投资者可能更乐观，不会在意暂时的价值变动下降，感知的投资风险可能较低；短期投资者可能就相对悲观，比较关注当前的价值变动损失，感知的投资风险可能较高。

另外，时间解释理论还指出未来事件的时间距离会改变个体加工信息和解释信息的方式，个体加工和解释信息的方式又会影响他们的判断与决策（Rasso，2015）。关注更远的将来（长期）的个体通常使用高水平解释，会根据相对抽象的信息作出判断与预测，而关注不远的将来（短期）的个体通常使用低水平解释，会根据相对具体的信息作出判断与预测（Trope and Liberman，2003，2010；Nussbaum et al.，2006）。因此，长期投资者面向更遥远的将来，在进行投资判断时更依赖于相对抽象的信息，也就是关注某个现象为什么是这样；而短期投资者面向现在和不远的将来，在进行投资判断时更多地依赖具体的信息，即关注某个现象怎么变成这样的（Vallacher and Wegner，1987；Alter and Oppenheimer，2008）。附注信息中提供了价值变动，即公允价值下降或减值损失的金额，也提供了导致这些价值变动的资产项目的期初余额和期末余额。根据上述理论，长期投资者会关注公允价值下降或减值损失等价值变动，而短期投资者不仅关注公允价值下降或减值损失，还会搜寻价值怎么下降的信息，但由于信息分散，难以获取导致价值下降的相关资产的信息，因此短期投资者的注意力也集中在价值下降损失上。另外，由于投资者注意力有限和认知负荷过载，再加上已有大量会计研究表明投资者更重视直接影响盈余的损益类项目（Bushee，2001；Graham et al.，2005；Chen et al.，2011；Elliott et al.，2011），因此，不管是短期投资者还是长期投资者往往都会关注影响利润的公允价值变动损失或资产减值损失项目。然而，短期投资者对不利信息的披露更敏感（Long et al.，1990），所以短期投资者注意到当前的价值变动损失时，可能会感知到较大的投资风险，相应地判断为较小的投资吸引力；长期投资者从更长远的角度看待价值下降，评价相对乐观，可能感知到较小的投资风险，相应地判断为较大的投资吸引力。

4.3.3　附注结构、报表项目熟悉度、投资者类型与投资者判断

77

根据认知负荷理论，对于短期投资者而言，在按照报表项目分散披露的附注结构中，金融资产及其价值变动的数字分散在附注的不同位置，中间穿插着繁多的其他报表项目的信息，会给注意力有限的投资者带来认知负荷过载，难以把前面看到的资产期初、期末余额数值与后面看到的价值变动损失金额联系起来。而且，根据以往的研究，投资者往往主要关注直接影响盈余增减的损益类项目（Bushee，2001；Graham et al.，2005；Houston et al.，2010；Chen et al.，2011）。因此，在面对分散披露的附注信息时，投资者主要关注金融资产的公允价值变动损失。有关时间解释理论的文献表明，短期投资者可能相对悲观，比较在意当前的负面因素，当他们聚焦于金融资产的公允价值变动损失时，会认为该企业遭受了较大的不利影响，进而感知该企业的投资风险可能比较大，相应地判断该企业的投资吸引力可能会比较小。根据熟悉效应，个体感知的风险随着熟悉程度的下降而增加（Richardson et al.，1987；Weber et al.，2005；Zuckerman，1979）。金融资产对于投资者是不熟悉的项目，将金融资产的价值变动及其相关项目分散在附注的不同位置披

露，会使投资者感知更多的未知和更大的投资风险。总之，对于不熟悉的报表项目，短期投资者在按照报表项目分散披露的附注结构下，可能会感知到更大的投资风险，判断为更小的投资吸引力。

根据时间解释理论，当个体面向现在和不远的将来时，个体会更多地依赖具体的信息做出判断，即更关注怎么会出现当前情形的所有相关信息（Vallacher and Wegner，1987；Alter and Oppenheimer，2008）。短期投资者持有投资的期限较短，因此，在投资判断时不仅关注价值变动信息，也会依赖价值是如何变动的信息。相比将报表项目分散披露的附注结构，在将金融资产及其公允价值变动信息集中披露的附注结构下，短期投资者会更容易地获取到这些如何变动的信息。因为接近兼容原则表明，当信息更接近地列示时，使用者会更有效地和高效地整合信息，对信息的有效整合有助于使用者获取信息和理解信息（Carswell and Wickens，1995；1996）。而且，有研究表明把相关数字放置得更接近是有益的，会节约使用者的时间和认知资源，有利于使用者搜索、加工和比较这些数字信息（Wright，1973；Ehrenberg，1977；1981）。在集中披露的附注结构中，金融资产的期初、期末余额及其价值变动金额集中在一起披露，短期投资者不仅快速地搜寻到这些数字信息，而且会充分地整合加工这些数字信息。也就是说，短期投资者会把同时看到的公允价值变动损失金额和金融资产的期初、期末余额进行比较，计算出公允价值变动损失占相应金融资产期初余额的比例较大，得出金融资产的波动性较大，是一项不稳定的资产的结论，进而在判断当前利润质量时剔除该不稳定资产变动带来的损失，提升对企业利润的评价；而且，由于资产波动性大，投资者可能会认为公允价值变动下降是不确定的，也可能会反转，即价值上升。因此，在集中披露的附注结构下，投资者感知到的企业投资风险可能会降低，相应地投资者判断出的投资吸引力可能会提高。

心理学研究表明页面布局中的空间位置对个体获取信息有显著不同的影响（Graham et al.，2011）。关于财务信息披露位置的研究也表明，财务信息在文本中的披露位置会影响个体对该信息的评价。博文等（2005）发现，市场对在盈余公告中位置突出的盈余指标（比如，在标题上突出或位于首段的 GAAP 盈余）反应更大。埃里奥特（2006）和艾利等（2007）发现当公司在盈余公告中将预估盈余放在 GAAP 盈余之前时，个体投资者更依赖预估盈余，对预估盈余的反应更强。在按照报表项目集中及重要性披露的附注结构中，将金融资产及其价值变动项目集中并放在首要位置披露，增加了投资者的关注度，进一步减轻了投资者的认知负荷，令投资者更容易地获取和加工信息，并充分利用这些信息作出适当的决策。尤其对于重视具体信息的短期投资者，将集中披露的报表项目放在附注的重要或突出位置，使他们更加便利地获得、加工价值变动以及怎样变动的细节信息。如此一来，短期投资者会将获得的金融资产价值下降和金融资产的期初、期末余额信息进行比较分析，判断该金融资产的波动性较大，进而在判断当前利润质量时剔除该金融资产变动带来的损失，提高对企业利润的积极评价；此外，由于金融资产波动性大，投资者可能会感知该金融资产的价值变动损失将来变小或变成收益的可能性较大，从而感知到较低的投资风险，评价出较高的投资吸引力。因此，前面论述的集中披露附注结构对短期投资者判断的效应在集中及重要性披露的附注结构下更加强烈。也就说，相对按照报表项目集中披露的附注结构，按照报表项目集中及重要性披露的附注结构可能会进一步降低短期投资者对投资风险的感知和增加其对投资吸引力的判断。

79

时间解释理论表明关注不远的将来（短期）的个体会根据相对具体的信息作出判断与预测（Trope and Liberman，2003；2010），因此，短期投资者在进行投资判断时会关注公司资产价值如何变动的具体信息。对于投资者熟悉的报表项目，获取这些价值变动的详细信息相对容易，是不会受到信息外在特征（比如披露形式）的影响。个体对某事物的态度越是强烈，其后续判断也就越简单（Fazio et al.，1989），那么，投资者对报表项目越熟悉，投资者在获取、加工和评价这些报表项目相关信息时也就越轻松。因此，即使在按报表项目分散披露的附注结构中，投资者也能像在按报表项目集中披露和集中及重要性披露的附注结构中一样，消耗较少的认知资源，迅速地搜索到存货减值损失和存货怎么减值的信息。也就是，对于熟悉的报表项目，不同的附注结构不会影响短期投资者的信息获取和加工，以及他们根据这些信息作出的投资判断。具体地说，对于投资者熟悉的报表项目，不管在按照报表项目分散披露、按照报表项目集中披露还是按照报表项目集中及重要性披露的附注结构下，短期投资者感知的投资风险和判断的投资吸引力可能都没有显著差异。综合以上分析，提出以下假设：

H3a：对于短期投资者而言，在不熟悉的报表项目下，投资者感知的投资风险在现行按照报表项目分散披露的附注结构下最高，其次是按照报表项目集中披露的附注结构，最低是按照报表项目集中及重要性披露的附注结构；在熟悉的报表项目下，附注结构对投资者感知的投资风险的影响可能没有显著差异。

H3b：对于短期投资者而言，在不熟悉的报表项目下，投资者判断的投资吸引力在现行按照报表项目分散披露的附注结构下最低，其次是按照报表项目集中披露的附注结构，最高是按照报表项目集中及重要性披露的附注结构；在熟悉的报表项目下，附注结构对投资者判断的投资吸引力的影响可能没有显著差异。

根据时间解释理论，关注更远的将来（长期）的个体通常根据相对抽象的、核心的信息作出判断与预测，因此长期投资者通常使用抽象思维模式，更关注影响长期决策的核心信息内容。具体到本研究中，长期投资者主要依赖公允价值损失或减值损失等信息作出投资判断。存货及其减值变动对长期投资者来说是熟悉的报表项目，了解和加工起来较容易，因此这些项目不论在附注中是分散披露、集中披露还是集中并在首要位置披露都不会影响投资者恰当地利用这些信息。而且，人们对熟悉的事物感觉更容易掌握，往往给予正面的评价，因而投资者对不论以什么附注结构披露的熟悉的报表项目，可能都感知到较低的投资风险，判断为较高的投资吸引力。尽管金融资产及其公允价值变动项目对长期投资者来说是相对不熟悉的，但由于长期投资者只关注主要的损益信息，忽略短期内的价值波动信息，再加上长期投资者会频繁地跟踪投资相关的信息（Bouwman，1984），因此，即使金融资产及其公允价值变动出现在不同的附注结构中，长期投资者也能快速获取与长期决策相关的信息，作出同样的投资判断，并且可能与面对熟悉的报表项目时一样，感知较小的投资风险和判断较高的投资吸引力。另外，长期投资者认为随着投资期限的延长，长期遭受损失的可能性很小（Benartzi，1995），比较乐观，对未来充满信心。因此，不管是投资者熟悉的还是不熟悉的项目，无论在按照报表项目分散披露、按照报表项目集中披露还是按照报表项目集中及重要性披露的附注结构下，长期投资者对投资风险的感知和投资吸引力的评价均可能没有显著的差异。根据以上分析，提出以下假设：

H3c：对于长期投资者而言，无论是熟悉的还是不熟悉的报表项目，现行按照报表项目分散披露的附注结构，按照报表项目集中披露的附注结构，按照报表项目集中及重要性披露的附注结构，三种情况下，投资者感知的投资风险和判断的投资吸引力可能均没有显著差异。

4.4　附注结构、报表项目熟悉度、投资者类型对投资者判断的影响的中介分析

大量心理学和其他社会科学的相关文献通常通过建立中介效应（Mediation Effect）模型，来深入分析需要研究的问题。与纯粹地分析自变量对因变量影响的同类研究相比，中介效应分析不仅在方法上有所改进，而且利用中介效应模型能够洞察自变量影响因变量的作用机制，能够获得更多、更深层次的研究结果（温忠麟和叶宝娟，2014）。根据本章研究的问题，我们考察了附注结构影响投资者的投资吸引力判断的过程。具体地说，先分析附注结构如何影响投资者对价值未来变动可能性的感知，接着检验价值未来变动可能性对投资者感知的投资风险的影响，进一步地检验投资者感知的投资风险如何影响投资者判断的投资吸引力。

风险感知描述了个体对风险的态度和直觉判断，指的是个体依赖直觉和主观感受判断风险（Slovic，1987），影响风险感知的因素很多，研究表明历史信息的列示形式也会影响投资者对资产波动性和风险的感知。艾伯特列克和摩根（Ibrekk and Morgan，1987）的实验结果表明九种不同的列示形式对人们评价事件不确定性的影响是不同的。昂瑟（Unser，1999）发现当被试收到表格形式的或者时间序列直方图形式的历史收益信息时，他们对可选投资方案风险的判断有显著差异。韦伯等（Weber et al.，2005）的研究表明投资者对资产波动性和风险的感知都随信息列示形式的不同发生显著的变化。因此，不同的附注结构（按照报表项目分散或者集中披露的附注结构）对投资者感知的价值未来变动的可能性和风险可能有显著影响，尤其对于短期投资者，附注结构的这个效应更加明显。因为由时间解释理论可知，短期投资者面向现在和不

远的将来，在进行投资判断时更多地依赖具体的细节信息，即关注某个现象如何变成这样的（Vallacher and Wegner，1987；Alter and Oppenheimer，2008），换言之，短期投资者更关注价值是如何下降的信息，包括价值下降信息，也包括导致价值下降的资产的期初、期末金额信息。按照会计报表项目集中披露的附注结构能够确保短期投资者便利地获取这些具体信息，并能够恰当地理解它们，进而作出适当的判断。因为按照报表项目集中披露的附注结构是把相关信息关联在一起，并且放置在同一个位置，能够减少投资者寻找这些信息耗费的认知资源，使投资者便捷地获取信息，也让投资者将更多的注意力用于加工这些信息。埃伦伯格（1977，1981）的研究发现将数字信息比较接近地集中列示，便于使用者搜索和比较这些数字。相比在按报表项目分散披露的附注结构中难以获取资产价值变动及其如何变动的信息，在集中披露的附注结构中，投资者会把同时看到的价值变动下降和相应资产的期初、期末余额进行比较，计算出价值向下变动的金额占相应资产期初余额的比例较大，得出这些资产的波动性较大、是一项不稳定的资产的结论，因此感知资产价值未来变动的可能性较大，当前资产价值下降的损失很可能变小甚至消失，进而感知投资风险较低。金融中的传统风险——收益模型假设预期的收益和波动性用来度量风险以指导投资者的资产分配决策，因此，预期的波动性和感知的风险是高度相关的（Sharpe，1964）。基于上述分析，我们预期附注结构与投资者感知的投资风险之间的关系可能被短期投资者感知的价值未来变动可能性中介。

行为决策文献认为风险是决策过程中固有的一部分，因为所有决策结果都与一定程度的不确定性相关（Pablo et al.，1996）。个体要在对风险进行评估与判断的基础上作出决策，而风险评估和判断又受认知层面的影响（Williams and Noyes，2007），因此，个体的风险感知可能会影响决策过程和行为（Weber，2001；Siegrist et al.，2005）。尤其是风险决策决定因素中介模型，更具体地阐明了风险感知和决策之间的关系（Sitkin and Pablo，1992）。该模型提出以前被认为的各种外生变量对风险行为的直接作用实际上被风险感知所中介，风险感知这个变量调节了决策者的认知过程，比如信息搜集和意义构建（Pablo et al.，1996）。西特金和温加特（Sitkin and Weingart，1995）发现风险感知实质上中介了问题框架和决策之间的关系。确实，凯尔等（2000）也证明可以通过操控风险感知修正个体的决策，这也说明风险感知是影响决策的重要因素。西蒙等（1999）在冒险形成的研究中也发现，风险感知中介了认知偏差和决策之间的关系。上述研究以及卡尼曼和洛瓦洛（Kahneman and Lovallo，1993）、克拉克和洛夫格罗夫（Clarke and Lovegrove，2000）均发现，投资者感知越小的投资风险，投资者就越有较大的可能性进行投资。克里斯滕森等（Christensen et al.，2014）发现投资者感知的风险越小，投资者继续投资的意愿越大。因此，短期投资者感知的投资风险越低，越有可能投资该公司，判断的投资吸引力越高。基于上述分析，我们预期投资者感知的投资风险可能中介了投资者感知的价值未来变动可能性与投资吸引力与之间的关系。综上所述，提出以下假设（见图 4.1）：

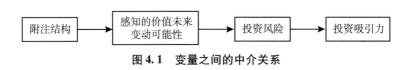

图 4.1　变量之间的中介关系

H4：对于短期投资者，附注结构与投资者感知的投资风险之间的关系，可能被投资者感知的价值未来变动可能性中介；投资者感知的价值未来变动可能性与投资者判断的投资吸引力之间的关系，可能被投资者感知的投资风险中介。

第5章　实验设计

　　提出研究问题，找到匹配的、恰当的研究方法，会使研究事半功倍。本书的研究问题是考察不同的附注结构、投资者的报表项目熟悉度与投资者类型如何影响个体投资者的投资判断与决策。由于附注结构的修订是 IASB 和 FASB 最近提议的，迫切需要学术界、实务界等各界检验实施新修订的附注结构的有效性；然而也正是因为属于新修订尚未实施的规定，实务中缺少公开的、足够多的数据可以获取，而实验研究恰恰在预先检验修订的、尚未实施的准则效果方面具有优势。因而，本书采用实验方法检验我们的研究问题。本章主要论述实验方法是如何运用的，包括三小节内容：第一节主要说明如何进行实验设计和选取实验被试；第二节描述了实验任务和具体的实验过程；第三节阐述了自变量及其操控，因变量及其测度。

5.1　实验设计与实验被试

5.1.1　实验研究方法的相对优势

　　财务会计研究领域广泛，不仅检验管理者、审计师、信息中介和投资者之间的信息沟通，也检验在这个过程中监管机制的作用，比如检验会计政策的实施对会计信息沟通的影响等。尤其是最近，会计学者和准则制定机构及其成员越来越明确地提倡与会计政策相关的研究（Schipper，1994；Leisenring and Johnson，1994），会计准则作为会计政策的重要组成部分，也日益成为研究的热门主题。但过去这些年，对与会计准则有关的研究主要采用事后研究的方法，比如案例方法、档案研究方法等，使用事前检验方法的较少。事后研究在及时地、直接地回答准则相关性问题上不尽人意。学术界发现在准则制定过程中，实验研究方法也许能提供更有力的事前证据。特别是检验准则实施对使用者的判断与决策研究，实验方法相比于其他方法更适合（Libby et al.，2002）。因为判断与决策是实验心理学的一个重要研究领域，而且之前大量研究使用实验方法关注的是财务报告提供者和使用者的判断与决策。在日益强调全球会计准则趋同的背景下，研究国际会计准则不仅对 IASB 改进准则指导全球经济发展有价值，对我国会计准则制定机构也具有重要意义。本书将对 IASB 修订的、尚未实施的财务报表列报准则如何影响信息使用者展开研究，因此采用实验研究方法相对来说具有优势，具体体现在以下几个方面。

1. 能够验证因果关系

实验研究方法在解决财务会计准则制定问题上的第一个优势是能够验证因果关系。能够验证因果关系是指研究方法能够得出排除多个解释的推断，也就是说，能分离并评定出直接的因果关系结论。能够直接检验因果关系一直被看作实验方法的一个主要优势，因为在通常情况下，实验的研究人员可以对假设中引起某些结果的因素的方向和大小实施实质性的控制（Kerlinger，1964），而其他方法是做不到的。具体地说，在实验中研究人员有意地操控关注的因果关系的决定因素，确保结果在原因之后发生，在时间条件上满足变量间的因果关系。此外，通过各实验组之间的值保持恒定不变或者随机分组，在很大程度上排除不关注的、但可能影响因果关系的其他因素对因果关系的影响，保证得出干净的因果关系。在会计实践中，不同公司的差异连同在同一时间变化的大量其他因素都会影响某一政策带来的后果，这使得档案研究很难分离出替代选择方案的增量效应。根据上述实验方法的特点，实验研究可以在保持其他影响因素不变的情况下，变化现有的或者提议的政策选择，并能够测量出这些政策对使用者决策的增量影响。在本书的实验中保持公司的经济状况不变，而只是改变我们操控的自变量——附注结构、投资者的报表项目熟悉度和投资者类型，从而纯粹、干净地检验自变量与因变量之间的关系。

2. 可以对拟实施的准则进行预先检验

在准则制定者解决会计问题之前或者正在解决该问题时，实验研究方法能够提供直接影响会计问题的证据，也就是说，实验方法能够及时地提供事前（ex ante）证据，是其他研究方法所不具备的优势。实验方法使用的数据来源于研究人员设计的控制，因此可以在准则制定过程中的任何时点获得。更重要的是，由于不依赖历史数据，因此实验方法能够在准则被采用前了解提议的准则对单个或者多个决策群体（比如投资者、分析师、管理者等）的决策的影响。这是档案研究不能做到的。因为档案研究主要依赖历史数据，而历史数据只能告诉我们已存在政策的市场反应，无法满足政策制定者需要的政策如果已经执行带来的可能反应的事前见解。目前国际会计准则理事会刚刚完成对财务报表列报准则的修订，美国也正对披露框架的修订再次征求意见，准则还没实施，效果如何，是否能达到准则修订者的预期，这些都没有办法通过档案研究得知。因此，本书采用实验研究方法检验准则制定者提议修订的附注结构对投资者判断的作用；进一步地，考察不同的附注结构和不同的报表项目对不同投资者的判断与决策的影响，进而发现更详细的、修订准则的后果。本书通过良好的实验设计，大体上反应准则实施后的情境，是能够在准则实施前获得准则实施后果的一手数据的。

此外，已有许多学者采用实验研究方法对已提议的尚未实施的准则进行提前检验，推论出准则实施带来的后果，为准则制定者和市场监管者提供参考依据（Beresford and Johnson，1995；Gibbins and Swieringa，1995；Kachelmeier and King，2002）。莉比和金尼（2000）检验了美国审计准则委员会（ASB）发布第89号审计准则公告（SAS No.89）的实施是否能够减少管理者利用机会主义更正以操控盈余达到分析师预测。结果表明如果更正导致公司无法达到分析师一致预测，SAS No.89不会促进数量上不重要的错报的更正。这为新准则实施可能产生的效果提供事前证据。黑尔斯等（Hales et al.，2012）检验了 FASB 和 IASB 在2010年提议修订的租赁准则，通过该项实验研究向准则制定者提供了有关租赁准则改进的有用信息。阿萨雷和赖特（Asare and Wright，2012）检验美国公众公司会计监督委员会（PCAOB）用审计准则 No.5（PCAOB2007a）代替审计准则 No.2 的后果，这两个准则之间重要的区别是改变了引发重大缺陷的报告临界值，换言之，该文献检验了报告临界值变化的后果，为报告临界值的改变提供了正当理由。克里斯滕森等（2014）对 IAASB 发布的《增强审计报告的价值：探索改变的方法》

（征求意见稿）和 PCAOB 发布的《财务报表审计报告准则的可能修订的概念公告》中提议的在标准审计报告中强制和扩展使用重要审计事项段进行检验。研究结果表明，与收到没有包含重要审计事项段的标准审计报告的投资者相比，收到包含重要审计事项段（CAM）的标准审计报告的投资者更有可能改变投资决策，这为准则修订者提供了有力的实验证据。约利诺等（Jollineau et al.，2014）针对美国证券交易委员会（SEC）和参议院委员会（U. S. Senate，2011）按照多德弗兰克法案（Dodd-Frank Act，2010）的要求提议的针对评级机构评级失败的两项补救措施进行了评估。实验结果表明，执行两项提议的改革措施中的任何一个，都会降低信用评级。然而，当同时执行这两项改革措施时，信用评级并没有进一步降低，说明这两项改革措施在降低信用评级上是相互替代的，不是相互补充的。这个研究结果向 SEC 和其他政策制定者提供了实施提议改革措施的潜在效果，为选择哪一项措施提供参考依据。范宁等（2015）对 FASB 发布的征求意见稿《某些损失或有事项的披露：FASB 第 5 号和第 141 号报表的修订（R）》（Disclosure of Certain Loss Contingencies：An Amendment of FASB Statements No. 5 and 141 (R)）进行检验，得出了准则修订者意料之外的结果。准则制定者修订披露标准——增加坏消息披露的目的是对投资者进行提醒，在新披露标准下可能会有更多的风险需要公司去面对。但是，该研究却提供了降低披露临界值的意外后果——提高了投资者对公司风险的感知。这些发现对于正在修订或执行披露要求改革的准则制定者和监管者有重要意义，提议修订的准则并一定都能如与预期的那样影响信息使用者，可能会产生意想不到的后果。这也是实验研究的优势所在，为新准则的实施效果提供事前的检验证据。

3. 可以研究个体的判断和决策过程

实验研究解决财务会计问题的第三个优势是能够研究个体作出判断与决策的具体过程，打开会计政策与资本市场反应之间的黑箱，获得自变量影响因变量的中介变量（Maines，1994）。实证研究利用市场数据是无法直接观测到个体投资者在会计政策的变化时作出判断与决策的心理活动和认知机制的，但实验研究方法可以做到。比如，昆斯和利佩（Koonce and Lipe，2010）利用实验方法，不仅检验了投资者对连续多期内同时提供两个业绩指标如何作出反应，也检验了投资者为什么作出这样的反应。通过中介分析，发现当盈余趋势保持一致时，投资者判断的未来前景完全中介了盈余趋势对投资者判断的影响，但当盈余趋势不一致时，没有出现中介效应。具体地说，当盈余趋势持续增加（不变）时，投资者判断的未来前景更高（低），进而作出更有利（不利）的公司估值和投资吸引力的判断。谭等（2014）通过中介分析发现可读性和信息一致性共同影响个体投资者判断的认知机理，即可读性和信息一致性共同影响了投资者感知的报告清晰度和可理解性，进而影响投资者对披露可信性的判断，披露可信性又影响了投资者的投资判断。埃里奥特（2015c）通过两个实验发现，相比招股说明书中抽象语言被强调，当公司招股说明书中具体语言被强调时，投资者显著更愿意投资该公司，并根据心理学理论解释了投资者作出该判断的过程，即具体的语言会增加投资者对自己评价一项投资的能力的舒适感的感知，因而增强投资者的投资意愿。

基于现有文献的成果和本研究问题的需要，本章使用实验方法检验改进的附注结构、投资者的报表项目熟悉度和投资者类型对个体投资者判断的影响，并深入探索了个体投资者对某些因素的心理感知，比如价值未来变动的可能性和投资风险。这些中介变量的测度非常重要，因为可以使我们了解不同的附注结构、投资者的报表项目熟悉度和投资者类型为什么会影响个体投资者的判断。

5.1.2 实验设计

实验研究的根本目的是对自变量和因变量之间的因果关系作出客观、准确的反映，而良好的实验设计是实现这一目的的前提和基础，实验设计是实验研究的核心。理想的实验设计能够恰当地解决本来打算解决的问题，并且能周全地考虑到潜在的影响因变量而与自变量无关的其他变量，对其实施各种方法控制其影响，最后还要保证实验设计产生的结果不仅在本实验的情境下适用，还应该具有一定的代表性，能推广到其他情境中，实现一定的科学性和普及性（张继勋，2008）。在设计实验时，先要决定被试如何被分配到实验中。根据实验中被试被分配方式的不同，实验设计可以分为被试间设计、被试内设计和混合设计。这三种实验设计各有优缺点，相比较而言，在检验变量间因果关系上，被试间设计的优势更为突出，具体体现在：第一，每个被试只接受一个水平的实验处理，保证了先前的实验处理不会对后继的实验处理带来长期的影响，如学习、记忆等，排除了顺序效应和学习效应；第二，可以防止产生疲劳效应（Fatigue Effect），因为被试不需要做所有条件下的实验测试，不需要花太长的时间就可以完成单一水平下的实验处理；此外，还可以避免不同条件之间进行比较导致的需求效应（Demand Effect）；第三，在实验条件组间随机分配被试可以降低被试的反应偏误。总之，由于被试间设计的突出优点，被试间设计特别适合某些不同实验条件下实验结果存在较大差异的实验。因此，本书出于恰当解决问题的需要，采用被试间设计。

在本书的研究中，我们采用了 3×2×2 的被试间实验设计，其中自变量是：附注结构、投资者的报表项目熟悉度和投资者类型。附注结构有三个水平，分别为：按照报表项目分散披露的附注结构、按照报表项目集中披露的附注结构和按照报表项目集中及重要性披露的附注结构；投资者的报表项目熟悉度有两个水平，分别为熟悉和不熟悉；投资者类型有两个水平，分别为长期投资者和短期投资者。本研究设计共包括12 个实验处理组（见表 5.1），被试被随机分配到这 12 个处理组中，在相同的任务背景下根据不同的附注结构、投资者对报表项目的熟悉度和投资者类型作出判断与决策。随机化是控制额外变量影响的最佳方法，通过随机地将被试分配到各处理组中，保证每名被试被分配到每一个处理组的机会均等，从而排除各处理组之间因被试各方面特征差异导致的实验结果产生系统性偏差（Trotman，1996）。因此，在随机化之后可以合理地推断被试对因变量判断的差异是由操控的自变量引起的，排除其他无关变量产生影响的解释。

表 5.1   实验设计

附注结构	投资者类型			
	长期投资者		短期投资者	
	不熟悉	熟悉	不熟悉	熟悉
按照报表项目分散披露	①	⑦	②	⑧
按照报表项目集中披露	③	⑨	④	⑩
按照报表项目集中及重要性披露	⑤	⑪	⑥	⑫

资料来源：作者加工整理。

5.1.3 实验被试

被试是指实验的对象。莉比等（2002）认为选取的被试是否有代表性、是否恰当，主要的判断标准是被试是否与实验研究的目的相匹配，并不一定都需要专业的被试（professional subjects）。本研究的目的是考察附注结构如何影响个体投资者的投资判断与决策，实验背景涉及财务报表及其附注构成，需要被试根据这些信息作出投资判断，因此本书选取来自我国某重点大学商学院的在职 MPAcc（会计专业硕士）和财务方向的 MBA（工商管理硕士）学员作为被试，本书的被试与本书的研究目的是匹配的。在以往的一些涉及会计或财务知识较多的行为会计研究中一般也是使用财务、会计专业研究生和 MBA 作为被试。韩和谭（2010）在检验投资者对管理层盈余预告作出的盈余及投资相关的判断中，同时使用 MBA 学员和财务专业研究生作为被试。埃里奥特等（2015a）使用商科研究生作为被试，检验社会责任报告的不同特征对投资者判断的影响。此外，埃里奥特等（2007）的结果表明 MBA 学员能够恰当地替代非职业（个体）投资者，因为他们不仅具备一些会计知识，还具有投资经历。其他研究者也使用了 MBA 学员作为被试研究会计信息对投资者判断的影响（Hirst et al.，1999；Maines and McDaniel，2000；Hales et al.，2011；Tan et al.，2014；Fanning et al.，2015）。

本实验共有 372 名被试，男性被试和女性被试的人数分别为 165 名和 207 名，占全部被试的比例为 44.4% 和 55.6%。被试的平均年龄为 29.15 岁，平均工作年限为 6.34 年，平均学习过 8.04 门会计和财务课程，76.6% 的被试看过财务报表或报表附注；已经投资和准备投资股市的被试 330 人，占全部被试的 88.7%，其中已经投资股市的被试占 78.8%，平均投资年限 2.9 年。我们使用的 MPAcc 和 MBA 学员被试除了有适当的投资经验和工作经历，还了解相当的财务会计知识，能够根据实验任务的要求作出基于会计信息的投资判断，是个体投资者的适当替代，与本实验的目的相匹配。

5.2 实验中的自变量和因变量

变量是指数量上或性质上可变的事物属性。一项实验至少包含自变量和因变量两种变量。自变量（Independent Variable）又称为实验变量，是由实验者操控、能够对被试的反应产生影响的变量。通常情况下，实验者要操控自变量为两个或两个以上的水平。当自变量的水平有了变化并导致行为的变化，就可以说行为是处在自变量的控制之下，或者说，自变量是有效的。因变量（Dependent Variable）亦称为反应变量，在实验中，它是由操控自变量而引起的被试的某种特定反应，是自变量或其他因素的变化而产生的现象变化或结果（在实验中往往假定由自变量的变化而引起），可以使用某些数量指标来表示（索尔索和麦克林，2009）。判定因变量是否恰当的标准是该因变量是否可靠、有效、敏感。

5.2.1 自变量

本实验包括三个自变量，分别是附注结构、投资者的报表项目熟悉度和投资者类型。附注结构有三个水平，分别为：按照报表项目分散披露的附注结构（以下简称"分散披露"）、按照报表项目集中披露的附注结构（以下简称"集中披露"）和按照报表项目集中及重要性披露的附注结构（以下简称"集中重要披露"）；投资者的报表项目熟悉度（以下简称"项目熟悉度"）有两个水平，分别为熟悉和不熟悉；投资者类型有两个水平：长期投资者和短期投资者。

1. 附注结构

在本研究中，自变量附注结构包含三个操控水平：分散披露、集中披露和集中重要披露。具体地说，在分散披露的附注结构组，在附注的报表项目注释部分将交易性金融资产、可供出售金融资产、持有至到期投资、公允价值变动损益和投资损益项目（或者将存货和减值损失项目）按照它们在资产负债表、利润表中出现的顺序分散列示；在集中披露的附注结构组，在附注的报表项目注释部分将交易性金融资产、可供出售金融资产、持有至到期投资、公允价值变动损益和投资损益项目集中在金融工具下列示（或者将存货和减值损失项目集中在一起列示），且其位置在报表项目注释的中间；在集中重要披露的附注结构组，在附注的报表项目注释部分将交易性金融资产、可供出售金融资产、持有至到期投资、公允价值变动损益和投资损益项目集中在金融工具下列示（或者将存货和减值损失项目集中在一起列示），且其位置在报表项目注释的首位。之所以这样操控附注结构，出于以下原因。

IASB 和 FASB 等准则制定机构提议修订附注披露，指出主体确定附注的系统列报方式时，不一定按照《国际会计准则第 1 号》第 114 段要求的顺序，即按照项目在报表里列示的顺序，可以按照如下方式确定附注的顺序：突出披露那些对理解主体财务状况或财务业绩更相关的信息，或者集中某些披露使它们之间的关系更易理解。从目前附注披露的情况来看，实行国际会计准则的国家和我国的上市公司都采用按照各项目在资产负债表、利润表中的顺序依次逐项分散披露的方式。在美国大部分公司也是如此，但有一部分公司已经开始将相关的项目集中在一起披露或者按照重要性披露，比如雅虎公司（Yahoo Inc.）和苹果公司（Apple Inc.）将金融工具有关的项目集中披露，并且放在附注的首位。

2. 投资者的报表项目熟悉度

本实验中的第二个自变量——投资者的报表项目熟悉度，包括熟悉和不熟悉两个水平。投资者的报表项目熟悉度既包括会计报表项目的客观出现频率也包括个体对会计报表项目的主观熟悉感，是一个相对的概念。熟悉的报表项目是指出现频率较高而且对于所有投资者来说较为了解的项目；不熟悉的报表项目是指出现频率较低而且对于所有投资者来说了解较少的项目。针对这个特点，本书对报表项目熟悉度的具体操控如下：在投资者熟悉的报表项目条件组，被试看到的是存货及存货跌价准备带来的减值损失项目；在投资者不熟悉的报表项目条件组，被试看到的是交易性金融资产、可供出售金融资产、持有至到期投资、公允价值变动损益和投资损益等金融工具及其相关项目。之所以这么操控投资者的报表项目熟悉度，出于以下原因。

金融工具自 20 世纪 70 年代出现，随着金融市场的快速变化不断地创新、发展，衍生出各种各样的品种，也导致与它们有关的会计确认、计量和披露的规定不断改进。正是金融工具本身的复杂性以及金融工具会计规范的繁杂性带来金融工具处理的难度，导致不管是财务报表的编制者、审计师、信息中介还是报表使用者都不能充分了解和熟练掌握，他们一致认为金融工具是一些较为陌生的项目。相对而言，存货项目自有了商品交易就存在了，存货的会计处理也随着复式记账的诞生而产生，日后逐步发展、改进，但基本核算没有太大变化，因此财务报表使用者对存货这一项目非常熟悉，对存货的会计处理也有充分的了解。另外，截至 2015 年 5 月，在中国知网上以金融工具为主题词查询到相关文献的结果为 8630 条，并且从 20 世纪 80 年代开始才逐渐增多，主要集中在 2000 年以后。而在中国知网上以存货为主题词查询到相关文献的结果为 36219 条，而且从 20 世纪 50 年代开始就有了关于存货的研究。这进一步证明了对于资本市场上的投资者来说，对金融工具的熟悉程度远低于存货项目。

3. 投资者类型

根据投资者对风险与收益的不同偏好，持有投资的期限有长期和短期之分。本实验中的第三个自变量——投资者类型就根据投资者持有投资期限的长短操控了两个水平，长期投资者和短期投资者。长期投资者条件组的被试假定自己是一名潜在投资者，正在考虑用 10 万元进行长期股票投资，并将 D 公司作为潜在的投资对象，预计持有股票时间不少于三年。另外，被试还需要列出三个影响长期股票投资的重要因素。短期投资者条件组的被试假定自己是一名潜在投资者，准备进行短期股票投资，并将 D 公司作为潜在的投资对象，持有股票时间不超过三个月。另外，被试还需要列出三个影响短期股票投资的重要因素。在操控中设置预计持有股票的时间是为了反映哪个期限应该被考虑进个体投资者的决策中；让被试列出影响投资的三个重要因素是为了确保投资者在投资决策时能主动考虑期限，激活被试长短期下的不同思维模式。

5.2.2 因变量

实验中因变量的选择也是非常关键的，选择得是否恰当直接关系到实验成功与否。恰当的因变量应该是可靠的、有效的、对自变量是敏感的，并且能为被试熟悉。本书根据研究目的和自变量的设计，选择决策相关性、投资风险和投资吸引力作为因变量。

1. 决策相关性

决策相关性是指有用的财务信息必须与使用者的决策需要相关，当信息可以帮助使用者评价过去、现在或未来的事项，从而影响使用者做出的经济决策时，信息就是相关的（IASB，2010）。IASB 和 FASB 提议修订附注的组织结构，将分散披露的会计信息集中披露，目的之一是使会计信息与使用者的决策更相关。并且，国际会计准则和我国企业会计准则都把"向财务报告使用者提供与其决策相关的会计信息"确定为财务报告的一个重要目标。

因此，我们选择决策相关性作为本实验的因变量之一，在实验材料中要求被试在 11 分量表上回答："您认为，D 公司的报表附注信息与您的投资决策相关程度如何？"，0 代表"一点不相关"，10 代表"非常相关"。

2. 投资风险

投资风险是指未来投资收益的不确定性，在投资中遭受损失的可能性。本研究界定的投资风险是指投资者感知的投资风险，是指财务报表附注传递的信息引起投资者对投资该公司不确定性的认知和理解。鉴于本研究主要检验金融资产（存货）的公允价值变动（减值变动）与金融资产（存货）期初、期末余额集中在一起列示或者分散列示如何影响投资者的投资判断，资产价值向下的变动导致损失，也就意味着公司对于投资者的投资来说存在一定的风险，因此本书选择投资风险作为因变量之一。此外，已有文献在检验不利信息对投资者判断的影响时，也使用风险作为因变量。比如，克里斯滕森等（2014）在检验审计报告中是否披露公允价值估计的不确定性对非职业投资者的投资判断的影响时，使用投资者对风险的感知作为因变量。罗丝（2010）在检验是否披露内部控制重大缺陷和内部控制重大缺陷是否广泛存在以及有无关于重大缺陷存在的详细披露对非职业投资者判断的影响时，使用投资风险作为因变量。

对于因变量投资风险的测度，我们在实验材料中请被试在 11 分量表上回答"从整体看，您认为投资 D 公司的风险有多大？"，0 表示"非常小"，10 表示"非常大"。

3. 投资吸引力

投资吸引力是投资者评价一家公司的综合性指标，代表投资者投资该公司的意愿或者投资可能性。昆斯等（2010）认为个体投资者在评价一家公司时除了业绩还考虑其他因素，仅让他们给出估值是不够的，投资吸引力可能比估值指标代表的内容更宽泛。另外，埃里奥特等（2011）和谭等（2011）在使用实验方法研究个体投资者的判断与决策行为时，也使用公司的投资可能性和投资吸引力作为因变量。因此，使用投资吸引力作为个体投资者的投资判断的替代指标较为合理。本实验研究的是在阅读完相同的公司背景和主要财务指标信息后，对于不同结构的附注提供的会计信息，潜在的个体投资者会作出怎样的投资判断，对该公司的投资意愿是否不同，所以我们也采用投资吸引力作为因变量。

对研究设计中的第三个因变量——投资吸引力的测度，我们是在被试阅读完实验材料后，请被试在 11 分量表上回答"您认为 D 公司的投资吸引力有多大?"，0 表示"没有一点吸引力"，10 表示"非常有吸引力"。

4. 中介变量

实验研究方法的优势之一是可以考察因变量随着自变量的变化而变化的具体过程，得到其他研究方法无法直接观测到的中介变量的作用。就本研究来说，让被试回答一些中介变量的问题，可以考察个体投资者在作出投资判断时考虑了哪些中间因素，了解附注结构影响投资判断的具体途径和机制。在实验设计中，我们使用"价值未来变动可能性"作为中介变量。对于"价值未来变动可能性"的测度，根据实验条件组的不同，让被试在 11 分量表上回答"您认为，D 公司存货价值未来发生变动的可能性有多大?"，或者"您认为，D 公司金融资产公允价值未来发生变动的可能性有多大?"，0 表示"非常小"，10 表示"非常大"。

5.3　实验任务与实验过程

5.3.1　实验任务

本实验主要考察财务报表附注结构的不同对不同投资者的投资判断

的影响。因此，实验任务是让被试假定自己是一家上市公司的长期投资者或短期投资者，阅读该公司的基本背景信息和资产负债表、利润表的摘要信息。随后根据实验条件组的不同，被试会分别看到包含不同操控项目的财务报表附注信息。

分散披露/熟悉组的被试看到的报表附注信息包括的内容是：公司基本情况、主要会计政策和存货以及其他报表项目按照它们在资产负债表、利润表中出现的顺序分散披露的报表项目注释部分；

分散披露/不熟悉组的被试看到的报表附注信息包括的内容是：公司基本情况、主要会计政策和金融资产以及其他报表项目按照它们在资产负债表、利润表中出现的顺序分散披露的报表项目注释部分；

集中披露/熟悉组的被试看到的报表附注信息包括的内容是：公司基本情况、主要会计政策和存货、存货减值准备及减值损失集中在一起并在中间位置披露，以及其他报表项目按照一定相关性披露的报表项目注释部分；

集中披露/不熟悉组的被试看到的报表附注信息包括的内容是：公司基本情况，主要会计政策和金融资产及公允价值变动损益集中在一起并在中间位置披露，以及其他报表项目按照一定相关性披露的报表项目注释部分；

集中重要披露/熟悉组的被试看到的报表附注信息包括的内容是：公司基本情况、主要会计政策和存货、存货减值准备及减值损失集中在一起并在开始位置披露，以及其他报表项目按照一定相关性披露的报表项目注释部分；

集中重要披露/不熟悉组的被试看到的报表附注信息包括的内容是：公司基本情况、主要会计政策和金融资产及公允价值变动损益集中在一起并在开始位置披露，以及其他报表项目按照一定相关性披露的报表项目注释部分。

然后，所有被试根据自己看到的信息对该公司附注信息的决策相关性、公司的投资风险、投资吸引力作出判断。投资者在资本市场中进行股票投资时，通常要判断某些信息是否与自己的决策相关，潜在投资对象的风险大小，进而决定是否投资。因此，有理由认为本实验任务对于被试是恰当的，是可以保证实验结果的可靠性和普遍适用性的。

5.3.2　实验过程

本实验完成于 MBA 和 MPAcc 课堂。在开始授课之前，实验人员把实验材料随机地发放给被试，一旦被试完成整个实验，实验人员立即收回。为了确保被试独立完成实验，一是在实验开始之前要求被试要独立完成实验过程，不能相互商量；二是研究人员及其助理人员在现场监督被试独立完成实验。具体实验过程如下：

首先，请被试签署知情同意书，接着告知被试将自己视为一名潜在的长期投资者或者短期投资者，并将一家上市公司（D 公司）视为潜在的长期或短期投资对象，然后阅读 D 公司的背景信息、财务报表附注信息。背景信息包括 D 公司基本信息的简要介绍和公司近两年的简要资产负债表、利润表。财务报表附注信息包括公司基本情况、主要会计政策和财务报表项目注释三部分。在报表项目注释部分操控附注结构和项目熟悉度。对附注结构的具体操控是：在按照报表项目分散披露的附注中，将操控的项目按照它们在资产负债表、利润表中出现的顺序分散披露；在按报表项目集中披露的附注中，将操控的项目集中在某一大类下进行披露，并且位置处于报表项目注释的中间；在按照报表项目集中及重要性披露的附注中，将操控的项目集中在某一大类下进行披露，且位置处于报表项目注释的首位。对项目熟悉度的具体操控是：以存货及其相关项目作为熟悉的报表项目，以金融资产及其相关项目作为不熟悉的报表项目。

其次，根据以上不同的操控，被试被随机分配到 12 个实验组，阅读完上述不同的案例材料，回答有关投资判断的问题，包括决策相关性、公司投资风险、投资吸引力的因变量问题，价值未来变动可能性等中介变量问题，同时还需回答一些操控性检验问题。

最后被试填写人口统计信息，包括性别、年龄、是否投资过股市及其投资年限，是否查阅过年报及其附注信息，学习过的财务与会计课程门数和工作年限等。整个实验过程花费被试 25 分钟左右的时间。

第6章 实验结果及其分析

本章主要是在对实验结果进行统计分析的基础上，检验附注结构、投资者的报表项目熟悉度和投资者类型对投资者判断的影响，主要包含五小节内容。第一节为了保证实验的效度，做了随机化检查和操控检验；第二节以所有被试为样本，从整体上检验附注结构对所有投资者感知的决策相关性、投资风险和判断的投资吸引力的影响；第三节将投资者按照投资期限的不同分为短期投资者和长期投资者，检验附注结构、项目熟悉度和投资者类型对投资者判断的共同影响；第四节通过对中介模型的检验，分析中介变量对投资者判断的中介作用；第五节附加分析，对实验被试回答的其他问题进行检验和分析，以确保实验结果的稳健性，并排除对本实验结果可能的替代解释。

6.1 随机化检查和操控检验

6.1.1 被试的总体分析

被试自身方面的额外因素可能会潜在地影响实验结果。与被试有关的额外因素包括被试的性别、年龄、工作经历、投资经历、所学课程的门数及对财务报表的了解等，为了对这些额外因素进行有效的控制，在实验设计中，当完成主要实验任务后，被试填写了人口统计信息问卷，下面我们针对被试对该问卷的回答进行深度分析。

1. 被试的性别与年龄

参与本实验的被试共 372 人，如表 6.1 所示，其中男性被试 165

人，占总体被试的比例为 44.4%；女性被试 207 人，占总体被试的比例为 55.6%，女性被试稍多于男性。

表 6.1　　　　　　　　　　　　被试性别的描述性统计

被试性别	人数	所占比例（%）
男性	165	44.4
女性	207	55.6
合计	372	100

资料来源：作者加工整理。

参与本实验的被试总体来说比较年轻，如表 6.2 被试年龄的描述性统计所示，年龄最小的被试是 25 岁，年龄最大的被试是 45 岁，总体的平均年龄是 29.15 岁。

表 6.2　　　　　　　　　　被试年龄的描述性统计　　　　　　　　单位：岁

	最小值	最大值	均值	标准差
年龄	25	45	29.15	4.768

资料来源：作者加工整理。

2. 被试的工作经历

本实验选取的被试是 MBA 和在职 MPAcc 学员，都具有一定的工作经验。如表 6.3 被试工作经历的描述性统计所示，被试中工作年限最短的是 2.5 年，最长的是 23 年，总体被试平均的工作时间是 6.34 年。

表 6.3　　　　　　　　　　被试工作经历的描述性统计　　　　　　单位：年

	最小值	最大值	均值	标准差
工作年限	2.5	23.0	6.34	4.4959

资料来源：作者加工整理。

3. 被试的投资经历

本实验主要检验以不同附注结构披露的信息如何影响个体投资者的

投资判断和决策，要求被试具有一定的投资经历或投资知识，对资本市场的运行和股票投资比较关注或有一定的了解。这样通过这些被试得出的实验数据才能代表个体投资者的现实反应，才能保证实验结果的普遍适用性。根据表6.4被试是否投资股市的描述性统计显示，372名被试中，有293名被试投资过股市，占总体被试的78.8%，没有投资过股市的被试79名，占总体被试的21.2%。根据表6.5被试投资经历的描述性统计显示，在投资过股市的293名被试中，投资经历最短的是0.5年，投资经历最长的是20年，平均投资经历是2.9年。表6.6被试是否计划投资股市的描述性统计显示，在没有投资过股市的79名被试中，未来计划投资股市的是37人，占46.8%，未来没有计划投资股市的是42人，占53.2%。总的来说，372名被试中，已投资股市和计划投资股市的被试有330人，占总体被试的88.7%，这说明参与本实验的被试的投资经验较为丰富，与实验任务的要求相匹配。

表6.4　　　　　　　　　被试是否投资股市的描述性统计

是否投资股市	人数	所占比例（%）
是	293	78.8
否	79	21.2
合计	372	100

资料来源：作者加工整理。

表6.5　　　　　　　　　被试投资经历的描述性统计　　　　　　单位：年

	最小值	最大值	均值	标准差
投资年限	0.50	20.0	2.90	3.0537

资料来源：作者加工整理。

表6.6　　　　　　　　　被试是否计划投资股市的描述性统计

是否计划投资股市	人数	所占比例（%）
是	37	46.8
否	42	53.2
合计	79	100

资料来源：作者加工整理。

4. 被试对财务会计知识的了解程度

本研究使用的实验材料是根据真实的上市公司的财务报表及其附注改编而来，这需要被试具备一定的会计知识和阅读报表的能力、经历。根据表6.7被试学习过的财务与会计课程的描述性统计显示，372名被试中，被试最少学习过3门财务与会计课程，最多学习过15门财务与会计课程，平均学习过8.04门。根据表6.8被试是否阅读过年报和附注的描述性统计显示，阅读过年报及其附注的被试有285人，占总体的76.6%，没有阅读过年报及其附注的被试有87人，占总体的23.4%。总体而言，本实验选择的被试拥有的财务会计知识与实验任务的要求是匹配的。

表6.7　　　　　　被试学习过的财务与会计课程的描述性统计　　　　单位：门

	最小值	最大值	均值	标准差
课程数量	3	15	8.04	3.600

资料来源：作者加工整理。

表6.8　　　　　　被试是否阅读过年报和附注的描述性统计

是否阅读过年报和附注	人数	所占比例（%）
是	285	76.6
否	87	23.4
合计	372	100

资料来源：作者加工整理。

6.1.2　随机化检查

对因变量发生作用从而影响实验效度的额外变量很多，控制这些额外变量的影响是提高内部效度的根本。控制额外变量的目的也就是分离自变量的效果和其余刺激变量的效果。控制额外变量的方法有消除法、恒定法、匹配法、随机化法等。随机化法（Randomization）是根据概率理论，把被试随机地分派到各处理组中。由概率理论可知，由于随机分配，各处理组的各种条件和机会是均等的，不会导致系统性偏差，因此，理论上认为控制额外变量的最佳方法是随机化法（张继勋，

2008）。

根据本研究的实验设计，实验共包括十二个处理组，分别是长期投资者、投资者熟悉的报表项目和分散披露的附注结构组（以下简称"长期－熟悉－分散披露"组），长期投资者、投资者熟悉的报表项目和集中披露的附注结构组（以下简称"长期－熟悉－集中披露"组），长期投资者、投资者熟悉的报表项目和集中重要披露的附注结构组（以下简称"长期－熟悉－集中重要披露"组），长期投资者、投资者不熟悉的报表项目和分散披露的附注结构组（以下简称"长期－不熟悉－分散披露"组），长期投资者、投资者不熟悉的报表项目和集中披露的附注结构组（以下简称"长期－不熟悉－集中披露"组），长期投资者、投资者不熟悉的报表项目和集中重要披露的附注结构组（以下简称"长期－不熟悉－集中重要披露"组），短期投资者、投资者熟悉的报表项目和分散披露的附注结构组（以下简称"短期－熟悉－分散披露"组），短期投资者、投资者熟悉的报表项目和集中披露的附注结构组（以下简称"短期－熟悉－集中披露"组），短期投资者、投资者熟悉的报表项目和集中重要披露的附注结构组（以下简称"短期－熟悉－集中重要披露"组），短期投资者、投资者不熟悉的报表项目和分散披露的附注结构组（以下简称"短期－不熟悉－分散披露"组），短期投资者、投资者不熟悉的报表项目和集中披露的附注结构组（以下简称"短期－不熟悉－集中披露"组），短期投资者、投资者不熟悉的报表项目和集中重要披露的附注结构组（以下简称"短期－不熟悉－集中重要披露"组）。在实验中，将被试随机分配到这十二个处理组中，保证以同等的机会将被试分配到任一个处理组中。为了进一步确保实验结果没有受到被试自身方面的因素的影响，我们使用卡方检验（Chi-square）和方差分析（ANOVA）等方法对被试的性别、年龄、工作经历、投资经历、学习的课程门数进行随机化检验，确定这些因素在不同处理组之间不存在显著差异。

1. 被试性别和年龄的随机化检查

根据表 6.9 被试性别的卡方检验结果显示，不同实验处理组的被试的男女比例不存在显著差异（Chi-Square = 13.731，P = 0.248），表明我们成功地将被试随机分配到了 12 个实验处理组，被试的性别特征不会影响实验结果。

表6.9　　　　　　　　　被试性别的卡方检验结果

	值	自由度	双侧近似 P 值
皮尔逊卡方检验	13.731[a]	11	0.248
似然比率	13.933	11	0.237
有效案例个数	372		

注：a 表示 0 个单元格（0%）的预期计数小于 5。最小预期计数为 12.86。
资料来源：作者加工整理。

根据表6.10被试年龄的方差分析结果显示，不同实验处理组的被试的年龄分布比较均匀，不存在显著差异（F = 0.785，P = 0.655），表明我们成功地将被试随机分配到了 12 个实验处理组，被试的年龄特征不会影响实验结果。

表6.10　　　　　　　　　被试年龄的方差分析结果

	平方和	自由度	均方	F 值	显著性
组间	197.588	11	17.963	0.785	0.655
组内	8237.281	360	22.881		
总计	8434.868	371			

资料来源：作者加工整理。

2. 被试工作经历的随机化检查

根据表6.11被试工作经历的方差分析结果显示，不同实验处理组的被试的工作经历基本相同，不存在显著差异（F = 0.993，P = 0.452），表明我们成功地将被试随机分配到了 12 个实验处理组，被试的工作经历特征不会影响实验结果。

表6.11　　　　　　　　　被试工作经历的方差分析结果

	平方和	自由度	均方	F 值	显著性
组间	220.780	11	20.071	0.993	0.452
组内	7278.270	360	20.217		
总计	7499.050	371			

资料来源：作者加工整理。

3. 被试投资经历的随机化检查

根据表 6.12 被试是否投资股市的卡方检验结果显示，不同实验处理组的被试在是否投资股市上没有显著差异（Chi-Square = 9.012，P = 0.621），表明我们成功地将被试随机分配到了 12 个实验处理组，被试是否投资股市的分布情况不会影响实验结果。

表 6.12 　　　　　　　　被试是否投资股市的卡方检验结果

	值	自由度	双侧近似 P 值
皮尔逊卡方检验	9.012[a]	11	0.621
似然比率	9.383	11	0.587
有效案例个数	372		

注：a 表示 0 个单元格（0%）的预期数小于 5。最小预期计数是 6.16。
资料来源：作者加工整理。

根据表 6.13 被试投资年限的方差分析结果显示，不同实验处理组的被试的投资年限大致相同，不存在显著差异（F = 0.893，P = 0.548），表明我们成功地将被试随机分配到了 12 个实验处理组，被试的投资年限特征不会影响实验结果。

表 6.13 　　　　　　　　被试投资年限的方差分析结果

	平方和	自由度	均方	F 值	显著性
组间	86.189	11	7.835	0.893	0.548
组内	3159.174	360	8.775		
总计	3245.363	371			

资料来源：作者加工整理。

4. 被试的财务会计知识了解程度的随机化检查

根据表 6.14 被试学习过的财务与会计课程的方差分析结果显示，不同实验处理组的被试学习过的财务与会计课程门数差不多，不存在显著差异（F = 0.756，P = 0.684），这说明从被试学习的课程数量来看，我们成功地将被试随机分配到了 12 个实验处理组，被试对财务会计知识的了解程度特征不会影响实验结果。

表 6.14　　　被试学习过的财务与会计课程的方差分析结果

	平方和	自由度	均方	F 值	显著性
组间	108.525	11	9.866	0.756	0.684
组内	4700.786	360	13.058		
总计	4809.312	371			

资料来源：作者加工整理。

根据表 6.15 被试是否阅读过年报和附注的卡方检验结果显示，不同实验处理组的被试在是否阅读过年报及其附注上没有显著差异（Chi-Square = 9.100，P = 0.613），表明我们成功地将被试随机分配到了 12 个实验处理组，被试是否阅读过年报及其附注的分布情况不会影响实验结果。

表 6.15　　　被试是否阅读过年报和附注的卡方检验结果

	值	自由度	双侧近似 P 值
皮尔逊卡方检验	9.100[a]	11	0.613
似然比率	9.562	11	0.570
有效案例个数	372		

注：a 表示 0 个单元格（0%）的预期计数小于 5。最小预期计数为 6.78。
资料来源：作者加工整理。

根据以上统计检验结果，不同实验处理组间的被试在性别、年龄、工作经历、投资经历、对财务会计知识的了解程度上都不存在显著差异，表明我们在随机化分配被试上是成功的，控制了额外变量对因变量的影响，保证了实验结果的可靠性。

6.1.3　操控检验

操控检验（Manipulation Checks）被用来提供关于实验处理操控是否被感知到和是否成功的信息，有别于因变量提供的信息（Kidd，1976）。操控检验在实验会计研究中被广泛使用，具体的作用有两个：一是检验被试是否感知到了实验处理的相关信息，二是检验被试感知的信息线索的强度和方向是否与实验处理一致（Trotman，1996；2001），然后，在随后的实验结果分析中只包括成功通过操控检验的被试，以此提高实验证据的质量，进而增强实验研究的内部效度。在本实验材料中，我们让被试回答了关于附注结构、项目熟悉度、投资者类型的操控检验问题，以确保被试恰当地理解本实验对自变量的操控。

1. 附注结构的操控检验

附注结构是本研究设计的第一个自变量，有三个水平：分散披露的附注结构，集中披露的附注结构，集中重要披露的附注结构。为了检验不同处理组被试是否感知到附注结构的不同，首先检验被试感知到的附注结构是按照报表项目分散披露还是按照报表项目集中披露，然后检验被试是否感知到操控项目的位置不同。具体地说，在被试阅读完实验材料后回答"在本案例中，涉及存货的项目是否集中在一起说明？"或者"在本案例中，涉及金融资产的项目是否集中在一起说明？"；还要求被试回答"在本案例中，存货的相关信息列示在报表项目注释的什么位置？"或者"在本案例中，金融资产的相关信息列示在报表项目注释的什么位置？"，让被试在"开始位置、中间位置、结尾位置、分散在附注中"四个答案中选择。

根据表 6.16 附注结构的操控检验问题的描述性统计显示，正确回答是否集中披露问题的被试有 349 人，占总体被试的 93.82%，错误回答的被试有 23 人。其中，分散披露组的被试的正确回答率为 92.7%，9 人回答错误；集中披露组的被试的正确回答率为 93.6%，8 人回答错误；集中重要披露组的被试的正确回答率为 95.1%，6 人回答错误。根据表 6.17 附注结构的卡方检验结果显示，对是否集中披露问题，不同实验处理组的被试的回答存在显著差异（Chi-Square = 276.901，P < 0.001）。

表 6.16   附注结构的操控检验问题的描述性统计

实验处理组	是否集中披露		合计 人数 （比例/%）
	是 人数 （比例/%）	否 人数 （比例/%）	
分散披露组	115 （92.7）	9 （7.3）	124 （100）

续表

实验处理组	是否集中披露		合计人数（比例/%）
	是人数（比例/%）	否人数（比例/%）	
集中披露组	8（6.4）	117（93.6）	125（100）
集中重要披露组	6（4.9）	117（95.1）	123（100）
合计	129	243	372

资料来源：作者加工整理。

表 6.17　　　　　　　　　　附注结构的卡方检验结果

	值	自由度	双侧近似 P 值
皮尔逊卡方检验	276.901[a]	2	< 0.001
似然比率	308.246	2	< 0.001
有效案例个数	372		

注：a 表示 0 个单元格（0%）的预期计数小于 5。最小预期计数为 42.65。
资料来源：作者加工整理。

　　根据表 6.18 附注中报表项目位置的操控检验问题的描述性统计显示，正确回答操控项目的位置的被试有 345 人，占总体被试的 92.74%，没有正确回答的被试有 27 人。其中，分散披露组的被试的正确回答率为 92.7%，9 人回答错误；集中披露组的被试的正确回答率为 91.2%，11 人回答错误；集中重要披露组的被试的正确回答率为 94.3%，7 人回答错误。

表 6.18　　　附注中报表项目位置的操控检验问题的描述性统计

实验处理组	项目位置				合计人数（比例/%）
	分散人数（比例/%）	中间人数（比例/%）	首位人数（比例/%）	结尾人数（比例/%）	
分散披露组	115（92.7）	7（5.6）	1（0.85）	1（0.85）	124（100）

续表

实验处理组	项目位置				合计人数（比例/%）
	分散人数（比例/%）	中间人数（比例/%）	首位人数（比例/%）	结尾人数（比例/%）	
集中披露组	6 (4.8)	114 (91.2)	3 (2.4)	2 (1.6)	125 (100)
集中重要披露组	2 (1.6)	3 (2.5)	116 (94.3)	2 (1.6)	123 (100)
合计	123	124	120	5	372

资料来源：作者加工整理。

根据表 6.19 附注中报表项目位置的卡方检验结果显示，对操控项目在附注的什么位置这个问题，不同实验处理组的被试的回答存在显著差异（Chi-Square = 609.623，P < 0.001）。这些结果表明不同实验组的被试感知到了不同的附注结构，我们对附注结构的操控是成功的。

表 6.19　　　　　**附注中报表项目位置的卡方检验结果**

	值	自由度	双侧近似 P 值
皮尔逊卡方检验	609.623[a]	6	< 0.001
似然比率	617.297	6	< 0.001
有效案例个数	372		

注：a 表示 3 个单元格（25%）的预期计数小于 5。最小预期计数为 1.65。
资料来源：作者加工整理。

2. 项目熟悉度的操控检验

本研究设计的第二个自变量是投资者的报表项目熟悉度，分为两个水平：熟悉和不熟悉。投资者熟悉的报表项目指的是存货及相关项目，投资者不熟悉的报表项目指的是金融资产及相关项目，为了检验被试感知到不同项目的熟悉程度不同，在被试阅读完实验材料后，在 11 分量表上回答"您对本案例中发生价值变动的项目——存货及其跌价准备（金融资产及其公允价值变动）的熟悉程度如何？"，0 表示"一点不熟悉"，10 表示"非常熟悉"。

根据表 6.20 项目熟悉度操控检验问题的描述性统计显示，熟悉组被试感知的项目熟悉度的均值是 5.57，不熟悉组被试感知的项目熟悉度的均值是 4.98，前者大于后者。正如表 6.21 项目熟悉度的方差分析结果所示，熟悉组和不熟悉组被试之间感知的项目熟悉度有显著差异（$F = 5.873$，$P = 0.016$）。这说明熟悉组的被试对存货的熟悉程度显著大于不熟悉组被试对金融资产的熟悉程度，我们对项目熟悉程度的操控是有效的。

表 6.20   项目熟悉度操控检验问题的描述性统计

项目熟悉度	均值	样本量	标准差
熟悉	5.57	184	2.460
不熟悉	4.98	188	2.205
合计	5.27	372	2.350

资料来源：作者加工整理。

表 6.21   项目熟悉度的方差分析结果

	平方和	自由度	均方	F 值	显著性
组间	31.999	1	31.999	5.873	0.016
组内	2016.034	370	5.449		
总计	2048.032	371			

资料来源：作者加工整理。

另外，我们还询问了被试"您在多大程度上同意'对于一般投资者而言，存货是一个熟悉的项目'的说法？"和"您在多大程度上同意'对于一般投资者而言，金融资产是熟悉的项目'的说法？"，在 11 分量表上作出回答，0 表示"一点也不同意"，10 表示"非常同意"。如描述性统计结果表 6.22 所示，熟悉组被试对"对于一般投资者而言，存货是一个熟悉的项目"的同意程度的均值为 4.96，不熟悉组被试对"对于一般投资者而言，金融资产是熟悉的项目"的同意程度的均值为 4.29，前者高于后者；而且表 6.23 项目熟悉认可度的方差分析结果显示，不同实验处理组之间的被试认为一般投资者对不同项目的熟悉程度有显著差异（$F = 8.582$，$P = 0.004$）。这表明对于一般投资者而言，熟悉组的被试认为他们对存货熟悉，不熟悉组的被试认为他们对金融资产不熟悉。这些结果说明不管从自身还是其他投资者角度，熟悉组被试认为存货熟悉，不熟悉组被试认为金融资产不熟悉，表明我们对项目熟悉度的操控是成功的。

表 6.22　　　　　项目熟悉认可度操控检验问题的描述性统计

项目熟悉度	均值	样本量	标准差
熟悉	4.96	184	2.315
不熟悉	4.29	188	2.125
合计	4.62	372	2.244

资料来源：作者加工整理。

表 6.23　　　　　　项目熟悉认可度的方差分析结果

	平方和	自由度	均方	F 值	显著性
组间	42.333	1	42.333	8.582	0.004
组内	1825.223	370	4.933		
总计	1867.556	371			

资料来源：作者加工整理。

3. 投资者类型的操控检验

投资者类型是本研究设计的第三个自变量，分为两个水平：长期投资者和短期投资者。为了检验不同实验组的被试感知到的投资期限长短不同，在被试阅读完实验材料后回答"在本案例中，您作为 D 公司的潜在投资者，预计持有 D 公司股票的期限是长期还是短期？"。根据表 6.24 投资者类型的操控检验问题的描述性统计显示，正确回答投资者类型操控问题的被试有 336 人，占总体的 90.32%，回答错误的被试 36 人，占 9.68%；其中长期投资者组有 17 人回答错误，回答正确率是 91%，短期投资者组有 19 人回答错误，回答正确率是 89.6%。这表明大多数被试正确回答了操控检验问题。根据表 6.25 投资者类型的操控检验结果显示，不同实验处理组之间的被试对该问题的回答有显著差异（Chi-Square = 241.913，P < 0.001）。以上结果均表明实验中我们成功地操控了投资者类型。

表6. 24　　　　　投资者类型的操控检验问题的描述性统计

实验处理组	是否长期		合计 人数 （比例/%）
	是 人数 （比例/%）	否 人数 （比例/%）	
长期投资者组	172 （91）	17 （9）	189 （100）
短期投资者组	19 （10.4）	164 （89.6）	183 （100）
合计	191	181	372

资料来源：作者加工整理。

表6. 25　　　　　　　　投资者类型的卡方检验结果

	值	自由度	双侧近似 P 值
皮尔逊卡方检验	241. 913[a]	1	< 0. 001
似然比率	279. 093	1	< 0. 001
有效案例个数	372		

注：a 表示 0 个单元格（0%）的预期计数小于 5。最小预期计数为 89.04。
资料来源：作者加工整理。

　　此外，实验任务中还要求被试回答了一个开放性问题，描述影响长期或短期投资的三个重要因素，以检验投资者类型的操控是否影响了投资者的投资判断。针对被试描述的影响因素，由两名相互独立的、不了解本文研究问题的评价者进行编码。评价者将主要与长期因素有关的被试回答编码 0，将主要与短期因素有关的被试回答编码为 1，看起来不太明确与长期还是短期有关的被试回答编码为 0.5（Alter and Oppenheimer，2008）。比如将成长性、持续增长等因素编码为 0，将风险、近期业绩等因素编码为 1。两名评价者对 86.6% 的被试回答的编码是一致的（Cohen's κ =0.85），不一致的编码通过相互协商解决。对这些编码进行曼—惠特尼检验（Mann-Whitney U test），结果表明短期投资者组的被试比长期投资者组的被试提供了更多关于短期的因素描述（Z = − 15. 31，P < 0. 001）。总之，这些结果表明不同实验组的被试在进行投资判断时考虑的投资期限是不一样的，长期投资者组的被试意识到自己要作出的

决策是长期投资决策，短期投资者组的被试意识到自己要作出的决策是短期投资决策，说明我们的操控是成功的。

从上面对操控检验结果的分析可以看出，我们对本研究涉及的三个自变量——附注结构、项目熟悉度和投资者类型的操控是成功的。虽然总体上有 27 人未通过操控检验，可能由于没有仔细阅读实验材料或理解有误等原因导致没有正确回答，但随后的实验结果分析中不论是否去除掉这些被试，得到的实验结果没有显著差异，因此在后面的假设检验分析中我们没有去掉未通过操控检验的被试，使用了全部的被试样本。

6.2 附注结构对投资者判断的影响

6.2.1 附注结构对投资者感知的决策相关性的影响

假设 1 预期按照报表项目分散披露、按照报表项目集中披露和按照报表项目集中及重要性披露这三种附注结构对投资者感知的决策相关性的影响不同。对决策相关性的检验表 6.26 的 Panel A 描述性统计结果显示，分散披露组被试感知的决策相关性均值为 5.43，集中披露组被试感知的决策相关性均值为 5.75，集中重要披露组被试感知的决策相关性均值为 6.09。而且，表 6.26 的 Panel B 方差分析结果显示，三种附注结构之间有显著差异（$F = 3.705$，$P = 0.026$），这说明集中披露组均值显著高于分散披露组的均值，集中重要披露组均值又显著高于集中披露组的均值，初步验证了假设 1。

进一步地，假设 1a 预期与现行按照报表项目分散披露的附注结构相比，对按照报表项目集中披露的附注结构投资者感知的决策相关性更高；假设 1b 预期与按照报表项目集中披露的附注结构相比，对按照报表项目集中及重要性披露的附注结构投资者感知的决策相关性更高。表 6.26 Panel C 的 LSD 分析结果显示，集中披露组被试感知的决策相关性均值与分散披露组被试感知的决策相关性均值差异显著（$P = 0.09^*$）；集中重要披露组被试感知的决策相关性均值与集中披露组被试感知的决策相关性均值差异显著（$P = 0.08^*$）。上述结果表明，假设 1a 得到验证，将报表项目集中披露的附注信息具有更高的决策相关性；假设 1b 得到验证，将集中披露的项目放在附注的重要位置披露会进一步增加附注信息的决策相关性。

表 6.26　　　　　　　　　对决策相关性的检验

Panel A：描述性统计			
	样本量	均值	标准差
分散披露	124	5.43	2.096
集中披露	125	5.75	1.702
集中重要披露	123	6.09	1.916
总体	372	5.76	1.925

Panel B：方差分析（ANOVA）				
	平方和	自由度	均方	F 值	显著性
组间	27.064	2	13.532	3.705	0.026
组内	1347.675	369	3.652		
总计	1374.739	371			

Panel C：多重比较（LSD）			
附注结构	平均差（I-J）	标准误	显著性
集中披露 vs. 分散披露	0.32	0.242	0.09 *
集中重要披露 vs. 分散披露	0.66	0.243	0.007
集中重要披露 vs. 集中披露	0.34	0.243	0.08 *

注：＊表示 P 值为单尾。
资料来源：作者加工整理。

6.2.2　附注结构对投资者感知的投资风险的影响

按照报表项目集中披露和按照报表项目集中及重要性披露的附注结构都是 IASB 提议改进的附注结构，在这里合并称为改进的集中披露的附注结构。假设 2a 预期与现行按照报表项目分散披露的附注结构相比，在改进的集中披露的附注结构的情况下，投资者感知的投资风险更低。根据表 6.27 附注结构影响投资风险感知的描述性统计结果显示，分散披露组被试感知的投资风险均值是 5.33，改进的集中披露组被试感知的投资风险均值是 5.01，改进的集中披露组均值低于分散披露组的。而且，根据表 6.28 附注结构影响投资风险感知的 t 检验结果显示，分散披露组被试感知的投资风险均值与改进的集中披露组被试感知的投资风险均值差异显著（t = − 1.722，P = 0.086）。以上结果表明，假设 2a 成立，改进后的集中披露附注结构能够降低投资者感知的投资风险。

表 6.27　　　　　　附注结构影响投资风险感知的描述性统计

附注结构	样本量	均值	最小值	最大值	标准差
分散披露	124	5.33	2	10	1.770
改进的集中披露	248	5.01	1	9	1.636
合计	372	5.12	1	10	1.686

资料来源：作者加工整理。

表 6.28　　　　　　附注结构影响投资风险感知的 t 检验结果

因变量	平均差	标准误差	差值的95%的置信区间		t 值	自由度	显著性（双尾）
			下限	上限			
投资风险	− 0.319	0.185	− 0.682	0.045	− 1.722	370	0.086

资料来源：作者加工整理。

6.2.3　附注结构对投资者判断的投资吸引力的影响

假设 2b 预期与现行按照报表项目分散披露的附注结构相比，在改进的集中披露的附注结构的情况下，投资者判断的投资吸引力更高。附注结构影响投资吸引力判断的描述性统计结果表 6.29 显示，分散披露组被试判断的投资吸引力均值是 5.44，改进的集中披露组被试判断的投资吸引力均值是 5.84，改进的集中披露组均值高于分散披露组的均值；而且表 6.30 附注结构影响投资吸引力判断的 t 检验结果显示，分散披露组被试判断的投资吸引力均值与改进的集中披露组被试判断的投资吸引力均值差异显著（t = 2.302，P = 0.022）。以上结果表明，假设2b 成立，改进后的集中披露附注结构能够增强投资者对公司投资吸引力的判断。

表 6.29　　　　　附注结构影响投资吸引力判断的描述性统计

附注结构	样本量	均值	最小值	最大值	标准差
分散披露	124	5.44	1	9	1.659
改进的集中披露	248	5.84	2	9	1.583
合计总体	372	5.71	1	9	1.618

资料来源：作者加工整理。

表 6.30　　　　　附注结构影响投资吸引力判断的 t 检验结果

因变量	平均差	标准误差	差值的95%的置信区间		t 值	自由度	显著性（双尾）
			下限	上限			
投资吸引力	0.407	0.177	0.059	0.755	2.302	370	0.022

资料来源：作者加工整理。

　　根据以上实验结果，假设 1a、假设 1b、假设 2a 和假设 2b 均成立[①]。假设 1 的成立表明改进后的集中披露的附注结构比目前分散披露的附注结构提供的信息与投资者的决策更相关，这验证了准则制定机构改进附注结构的其中一个预期目标——信息相关性。假设 2 的成立说明正如前文的认知负荷理论和接近兼容原则所预期的，相比将报表项目分散披露的附注结构，将报表项目集中披露的附注结构的确使相关信息比较接近而令投资者更容易获取和理解，并减轻了投资者在信息加工中的认知负荷，让投资者更全面、恰当地看待信息，将资产价值下降和如何下降的信息综合考虑、比较，进而感知公司的投资风险更低，判断公司

[①]　为了进一步验证假设 1 和假设 2，本文也建立了回归模型对其进行回归分析，回归的结果与方差分析结果基本一致，也支持假设 1a、假设 1b、假设 2a 和假设 2b。

的投资吸引力更高。

6.3 附注结构、项目熟悉度、投资者类型 对投资者判断的共同影响

6.3.1 附注结构、项目熟悉度、投资者类型对投资者判断影响的整体检验

1. 附注结构、项目熟悉度和投资者类型对投资风险的影响

为了检验附注结构、项目熟悉度、投资者类型对投资者投资判断的共同影响，我们采用了方差分析的方法对实验结果进行分析。

对于短期投资者，根据表 6.31 附注结构、项目熟悉度与投资者类型影响投资风险的描述性统计结果显示，当投资者熟悉会计报表项目时，分散披露组被试感知的投资风险均值为 5.06，集中披露组被试感知的投资风险均值为 5.13，集中重要披露组被试感知的投资风险均值为 5.17，三组之间的差异不显著；当投资者不熟悉会计报表项目时，分散披露组被试感知的投资风险均值为 6.03，集中披露组被试感知的投资风险均值为 5.28，集中重要披露组被试感知的投资风险均值为 4.47，三组之间有显著的差异，而且依次降低，这表明对于投资者熟悉的会计报表项目，短期投资者在分散披露、集中披露和集中重要披露三类附注结构下对投资风险的感知没有显著差异，而对于投资者不熟悉的会计报表项目，短期投资者在上述三类附注结构下对投资风险的感知有显著差异。

对于长期投资者，根据表 6.31 附注结构、项目熟悉度与投资者类型影响投资风险的描述性统计结果显示，当投资者熟悉会计报表项目时，分散披露组被试感知的投资风险均值为 5.30，集中披露组被试感知的投资风险均值为 5.16，集中重要披露组被试感知的投资风险均值为 4.78；当投资者不熟悉会计报表项目时，分散披露组被试感知的投资风险均值为 4.94，集中披露组被试感知的投资风险均值为 4.94，集中重要披露组被试感知的投资风险均值为 5.16，说

明不管是否为投资者熟悉的会计报表项目，分散披露、集中披露和集中重要披露三类附注结构对长期投资者感知的投资风险没有显著影响。

表 6.31　附注结构、项目熟悉度与投资者类型影响投资风险的描述性统计

投资者类型	项目熟悉度	附注结构	样本量	均值	标准差
长期投资者	熟悉	分散披露	30	5.30	2.103
		集中披露	32	5.16	1.609
		集中重要披露	32	4.78	1.930
		合计	94	5.07	1.879
	不熟悉	分散披露	32	4.94	1.318
		集中披露	31	4.94	1.459
		集中重要披露	32	5.16	1.706
		合计	95	5.01	1.491
	合计	分散披露	62	5.11	1.738
		集中披露	63	5.05	1.529
		集中重要披露	64	4.97	1.817
		合计	189	5.04	1.691
短期投资者	熟悉	分散披露	31	5.06	1.672
		集中披露	30	5.13	1.570
		集中重要披露	29	5.17	1.794
		合计	90	5.12	1.661
	不熟悉	分散披露	31	6.03	1.798
		集中披露	32	5.28	1.486
		集中重要披露	30	4.47	1.502
		合计	93	5.27	1.708
	合计	分散披露	62	5.55	1.790
		集中披露	62	5.21	1.516
		集中重要披露	59	4.81	1.676
		合计	183	5.20	1.682

续表

投资者类型	项目熟悉度	附注结构	样本量	均值	标准差
合计	熟悉	分散披露	61	5.18	1.884
		集中披露	62	5.15	1.577
		集中重要披露	61	4.97	1.862
		合计	184	5.10	1.771
	不熟悉	分散披露	63	5.48	1.654
		集中披露	63	5.11	1.471
		集中重要披露	62	4.82	1.635
		合计	188	5.14	1.603
	合计	分散披露	124	5.33	1.770
		集中披露	125	5.13	1.519
		集中重要披露	123	4.89	1.745
		合计	372	5.12	1.686

资料来源：作者加工整理。

附注结构、项目熟悉度与投资者类型影响投资者感知的投资风险的方差分析结果如表6.32显示，附注结构的主效应显著（F=2.128，P=0.060*），投资者类型、项目熟悉度和附注结构三者的交互效应显著（F=4.053，P=0.018），说明这三者共同影响了投资者感知的投资风险。具体表现为：短期投资者对于熟悉的会计报表项目，在分散披露、集中披露和集中重要披露三类附注结构下对投资风险的感知没有显著差异，而对于不熟悉的会计报表项目，短期投资者在上述三类附注结构下对投资风险的感知有显著差异；对长期投资者来说，不管是否为熟悉的会计报表项目，分散披露、集中披露和集中重要披露三类附注结构对其感知的投资风险没有显著影响。

表6.32　附注结构、项目熟悉度与投资者类型影响投资风险的方差分析

来源	III类平方和	自由度	均方	F值	显著性
修正模型	46.465[a]	11	4.224	1.508	0.063*
截距	9734.197	1	9734.197	3475.358	0.000

来源	Ⅲ类平方和	自由度	均方	F值	显著性
投资者类型	2.015	1	2.015	0.720	0.397
项目熟悉度	0.105	1	0.105	0.037	0.847
附注结构	11.921	2	5.960	2.128	0.060*
投资者类型×项目熟悉度	0.986	1	0.986	0.352	0.553
投资者类型×附注结构	5.175	2	2.587	0.924	0.398
项目熟悉度×附注结构	3.611	2	1.805	0.645	0.526
投资者类型×项目熟悉度×附注结构	22.702	2	11.351	4.053	0.018
误差	1008.331	360	2.801		
总计	10800.000	372			
修正后的总变异	1054.796	371			

注：a 表示 R 平方 = 0.044（调整后的 R 平方 = 0.015）；* 表示 P 值为单尾。
资料来源：作者加工整理。

2. 附注结构、项目熟悉度和投资者类型对投资吸引力的影响

为了检验附注结构、项目熟悉度、投资者类型对投资者投资吸引力的共同影响，我们采用了方差分析的方法对实验结果进行分析。根据表6.33附注结构、项目熟悉度和投资者类型影响投资吸引力的描述性统计结果显示，当投资者持有投资的时间为短期时，对投资者熟悉的报表项目，分散披露组被试判断的投资吸引力均值为5.29，集中披露组被试判断的投资吸引力均值为5.43，集中重要披露组被试判断的投资吸引力均值为5.66，三组之间的差异不显著；对投资者不熟悉的报表项目，分散披露组被试判断的投资吸引力均值为5.32，集中披露组被试判断的投资吸引力均值为6.06，集中重要披露组被试判断的投资吸引力均值为6.77，三组之间可能有显著的差异，并且均值依次增加，这表明对于投资者熟悉的项目，短期投资者在不同附注结构披露下判断的投资吸引力没有显著差异，而对于投资者不熟悉的报表项目，短期投资者在不同附注结构披露下判断的投资吸引力有显著差异。

根据表6.33附注结构、项目熟悉度和投资者类型影响投资吸引力的描述性统计结果显示，当投资者持有投资的时间为长期时，对投资者熟悉的报表项目，分散披露组被试判断的投资吸引力均值为5.40，集中披露组被试判断的投资吸引力均值为5.59，集中重要披露组被试判

断的投资吸引力均值为 5.94；对投资者不熟悉的报表项目，分散披露组被试判断的投资吸引力均值为 5.72，集中披露组被试判断的投资吸引力均值为 5.81，集中重要披露组被试判断的投资吸引力均值为 5.50，说明不管是否为投资者熟悉的报表项目，三种不同的附注结构对长期投资者的投资吸引力判断没有显著影响。

表 6.33 附注结构、项目熟悉度和投资者类型影响投资吸引力的描述性统计

投资者类型	项目熟悉度	附注结构	样本量	均值	标准差
长期投资者	熟悉	分散披露	30	5.40	1.831
		集中披露	32	5.59	1.829
		集中重要披露	32	5.94	1.684
		合计	94	5.65	1.776
	不熟悉	分散披露	32	5.72	1.420
		集中披露	31	5.81	1.167
		集中重要披露	32	5.50	1.741
		合计	95	5.67	1.455
	合计	分散披露	62	5.56	1.626
		集中披露	63	5.70	1.531
		集中重要披露	64	5.72	1.713
		合计	189	5.66	1.618
短期投资者	熟悉	分散披露	31	5.29	1.774
		集中披露	30	5.43	1.104
		集中重要披露	29	5.66	1.675
		合计	90	5.46	1.537
	不熟悉	分散披露	31	5.32	1.641
		集中披露	32	6.06	1.564
		集中重要披露	30	6.77	1.478
		合计	93	6.04	1.654
	合计	分散披露	62	5.31	1.695
		集中披露	62	5.76	1.387
		集中重要披露	59	6.22	1.662
		合计	183	5.75	1.620

投资者类型	项目熟悉度	附注结构	样本量	均值	标准差
合计	熟悉	分散披露	61	5.34	1.788
		集中披露	62	5.52	1.512
		集中重要披露	61	5.80	1.672
		合计	184	5.55	1.662
	不熟悉	分散披露	63	5.52	1.533
		集中披露	63	5.94	1.378
		集中重要披露	62	6.11	1.728
		合计	188	5.86	1.563
	合计	分散披露	124	5.44	1.659
		集中披露	125	5.73	1.456
		集中重要披露	123	5.96	1.701
		合计	372	5.71	1.618

资料来源：作者加工整理。

附注结构、项目熟悉度和投资者类型影响投资吸引力的方差分析结果如表 6.34 显示，附注结构的主效应显著（F = 3.447，P = 0.033），投资者类型、项目熟悉度和附注结构三者的交互效应显著（F = 2.602，P = 0.076），说明这三者共同影响了投资者判断的投资吸引力。

表 6.34　附注结构、项目熟悉度和投资者类型影响投资吸引力的方差分析

来源	Ⅲ类平方和	自由度	均方	F 值	显著性
修正模型	56.639[a]	11	5.149	2.027	0.025
截距	12104.229	1	12104.229	4765.327	0.000
投资者类型	0.851	1	0.851	0.335	0.563
项目熟悉度	8.994	1	8.994	3.541	0.061
附注结构	17.509	2	8.754	3.447	0.033
投资者类型×项目熟悉度	7.275	1	7.275	2.864	0.091

来源	Ⅲ类平方和	自由度	均方	F 值	显著性
投资者类型×附注结构	8.662	2	4.331	1.705	0.091*
项目熟悉度×附注结构	0.967	2	0.483	0.190	0.827
投资者类型×项目熟悉度×附注结构	13.217	2	6.608	2.602	0.076
误差	914.423	360	2.540		
总计	13087.000	372			
修正后的总变异	971.062	371			

注：a 表示 R 平方 = 0.058（调整后的 R 平方 = 0.030）；* 表示 P 值为单尾。
资料来源：作者加工整理。

6.3.2 附注结构与项目熟悉度对短期投资者投资判断的影响

1. 附注结构与项目熟悉度对短期投资者投资风险感知的影响

假设 3a 是关于附注结构和项目熟悉度对投资风险的交互效应的预期，即预期对于投资者熟悉的报表项目，附注结构对短期投资者的投资风险感知的影响没有显著差异；对于投资者不熟悉的报表项目，在现行按照报表项目分散披露的附注结构下，短期投资者感知的投资风险最高，其次是按照报表项目集中披露的附注结构，最低是按照报表项目集中及重要性披露的附注结构。

描述性统计结果如表 6.35 所示，对于投资者熟悉的报表项目，分散披露组被试感知的投资风险均值为 5.06，集中披露组被试感知的投资风险均值为 5.13，集中重要披露组被试感知的投资风险均值为 5.17；对于投资者不熟悉的报表项目，分散披露组被试感知的投资风险均值为 6.03，集中披露组被试感知的投资风险均值为 5.28，集中重要披露组被试感知的投资风险均值为 4.47，分散披露组的均值高于集中披露组，集中披露组的均值又高于集中重要披露组。方差分析结果表 6.36 显示，附注结构的主效应显著（$F = 2.985$，$P = 0.053$），项目熟悉度和附注结构的交互效应显著（$F = 3.932$，$P = 0.021$）。

表 6.35　　　　　　短期投资者投资风险感知的描述性统计

项目熟悉度	附注结构	样本量	均值	标准差
熟悉	分散披露	31	5.06	1.672
	集中披露	30	5.13	1.570
	集中重要披露	29	5.17	1.794
	合计	90	5.12	1.661
不熟悉	分散披露	31	6.03	1.798
	集中披露	32	5.28	1.486
	集中重要披露	30	4.47	1.502
	合计	93	5.27	1.708
合计	分散披露	62	5.55	1.790
	集中披露	62	5.21	1.516
	集中重要披露	59	4.81	1.676
	合计	183	5.20	1.682

资料来源：作者加工整理。

表 6.36　　　　　　短期投资者投资风险感知的方差分析

来源	Ⅲ类平方和	自由度	均方	F 值	显著性
修正模型	38.539[a]	5	7.708	2.864	0.016
截距	4927.746	1	4927.746	1830.919	0.000
项目熟悉度	0.853	1	0.853	0.317	0.574
附注结构	16.065	2	8.033	2.985	0.053
项目熟悉度×附注结构	21.163	2	10.582	3.932	0.021
误差	476.379	177	2.691		
总计	5457.000	183			
修正后的总变异	514.918	182			

注：a 表示 R 平方 =0.075（调整后的 R 平方 =0.049）。
资料来源：作者整理。

　　为了进一步地检验假设 3a，我们还进行了简单主效应分析。简单主效应分析结果如表 6.37 所示，对于投资者熟悉的报表项目，不同附注结构组被试感知的投资风险均值没有显著差异（F = 0.033，P = 0.967）；对于投资者不熟悉的报表项目，不同附注结构组被试感知的投资风险均值差异显著（F = 6.944，P = 0.001），LSD分析结果如表 6.38进一步显示，集中披露组被试感知的投资风险均值与分散披露组被试感知的投资风险均值差异显著（P = 0.071）；集中重要披露组被试感知的投资风险均值与集中披露组被试感知的投资风险均值差异显著（P = 0.052）。

表 6.37　　　附注结构影响短期投资者投资风险感知的简单主效应

项目熟悉度		平方和	自由度	均方	F 值	显著性
熟悉	对比	0.180	2	0.090	0.033	0.967
	误差	476.379	177	2.691		
不熟悉	对此	37.376	2	18.688	6.944	0.001
	误差	476.379	177	2.691		

资料来源：作者整理。

表 6.38　　　　　不熟悉项目下的投资风险的多重比较（LSD）

附注结构（I）	附注结构（J）	平均差（I – J）	标准误	显著性	90% 置信区间	
					下限	上限
分散披露	集中披露	0.751	0.413	0.071	− 0.065	1.567
	集中重要披露	1.566 *	0.420	< 0.001	0.736	2.395
集中披露	分散披露	− 0.751	0.413	0.071	− 1.567	0.065
	集中重要披露	0.815	0.417	0.052	− 0.008	1.637
集中重要披露	分散披露	− 1.566 *	0.420	< 0.001	− 2.395	− 0.736
	集中披露	− 0.815	0.417	0.052	− 1.637	0.008

注：＊平均差值在 0.05 的水平上显著。
资料来源：作者加工整理。

上述分析结果支持了假设 3a，表明对于投资者熟悉的报表项目，短期投资者在不同附注结构披露下对投资风险的感知没有显著差异，而对于投资者不熟悉的报表项目，短期投资者在不同附注结构披露下对投资风险的感知有显著差异。具体而言，对于短期投资者来说，将熟悉的报表项目不论呈现在分散披露、集中披露还是集中重要披露的附注结构中对他们感知的投资风险没有显著影响；将不熟悉的报表项目呈现在分散披露、集中披露或者集中重要披露的附注结构中，他们感知的投资风险会依次降低，说明改进后的附注结构将报表项目集中披露和把报表项目集中并放在重要位置披露对短期投资者的风险感知是有影响的。

2. 附注结构与项目熟悉度对短期投资者投资吸引力判断的影响

假设 3b 是关于附注结构和项目熟悉度对投资吸引力的交互效应的预期，即预期对于投资者熟悉的报表项目，附注结构对短期投资者的投资吸引力判断的影响没有显著差异；对于投资者不熟悉的项目，在现行按照会计报表项目分散披露的附注结构下，短期投资者判断的投资吸引力最小，其次是按照会计报表项目集中披露的附注结构，最大是按照会计报表项目集中及重要性披露的附注结构。

根据表 6.39 的描述性统计显示，对于投资者熟悉的报表项目，分散披露组被试判断的投资吸引力均值是 5.29，集中披露组被试判断的投资吸引力均值是 5.43，集中重要披露组被试判断的投资吸引力均值是 5.66；对于投资者不熟悉的报表项目，分散披露组被试判断的投资吸引力均值为 5.32，集中披露组被试判断的投资吸引力均值为 6.06，集中重要披露组被试判断的投资吸引力均值为 6.77，分散披露组的均值低于集中披露组，集中披露组的均值又低于集中重要披露组。方差分析结果如表 6.40 所示，项目熟悉度的主效应显著（F = 6.596，P = 0.011），附注结构的主效应显著（F = 5.109，P = 0.007），项目熟悉度和附注结构的交互效应显著（F = 1.829，P = 0.082*）。

表 6.39　　　　短期投资者投资吸引力判断的描述性统计

项目熟悉度	附注结构	样本量	均值	标准差
熟悉	分散披露	31	5.29	1.774
	集中披露	30	5.43	1.104
	集中重要披露	29	5.66	1.675
	合计	90	5.46	1.537

续表

项目熟悉度	附注结构	样本量	均值	标准差
不熟悉	分散披露	31	5.32	1.641
	集中披露	32	6.06	1.564
	集中重要披露	30	6.77	1.478
	合计	93	6.04	1.654
合计	分散披露	62	5.31	1.695
	集中披露	62	5.76	1.387
	集中重要披露	59	6.22	1.662
	合计	183	5.75	1.620

资料来源：作者加工整理。

表6.40　　　　　　　短期投资者投资吸引力判断的方差分析

来源	Ⅲ类平方和	自由度	均方	F值	显著性
修正模型	49.613[a]	5	9.923	4.100	0.002
截距	6055.188	1	6055.188	2502.253	0.000
项目熟悉度	15.962	1	15.962	6.596	0.011
附注结构	24.728	2	12.364	5.109	0.007
项目熟悉度×附注结构	8.853	2	4.426	1.829	0.082 *
误差	428.321	177	2.420		
总计	6537.000	183			
修正后的总变异	477.934	182			

注：a表示 R 平方 = 0.104（调整后的 R 平方 = 0.078）；* 表示 P 值为单尾。
资料来源：作者加工整理。

为进一步检验假设 3b，我们进行了简单主效应分析。简单主效应分析结果如表 6.41 所示，对于投资者熟悉的报表项目，不同附注结构组被试判断的投资吸引力均值没有显著差异（F = 0.417，P = 0.660）；对于投资者不熟悉的报表项目，不同附注结构组被试判断的投资吸引力均值差异显著（F = 6.573，P = 0.002），LSD 分析结果表 6.42 进一步显示，集中披露组被试判断的投资吸引力均值与分散披露组被试判断的投资吸引力均值差异显著（P＝0.061）；集中重要披露组被试判断的投资吸引力均值与集中披露组被试判断的投资吸引力均值差异显著（P＝0.077）。

表 6.41　　附注结构影响短期投资者投资吸引力判断的简单主效应

项目熟悉度		平方和	自由度	均方	F 值	显著性
熟悉	对比	2.017	2	1.008	0.417	0.660
	误差	428.321	177	2.420		
不熟悉	对此	31.812	2	15.906	6.573	0.002
	误差	428.321	177	2.420		

资料来源：作者加工整理。

表 6.42　　　　不熟悉项目下的投资吸引力的多重比较（LSD）

附注结构（I）	附注结构（J）	平均差（I－J）	标准误	显著性	90% 置信区间	
					下限	上限
分散披露	集中披露	－0.740	0.392	0.061	－1.514	0.034
	集中重要披露	－1.444	0.398	<0.001	－2.230	－0.658
集中披露	分散披露	0.740	0.392	0.061	－0.034	1.514
	集中重要披露	－0.704	0.395	0.077	－1.484	0.076
集中重要披露	分散披露	1.444	0.398	<0.001	0.658	2.230
	集中披露	0.704	0.395	0.077	－0.076	1.484

资料来源：作者加工整理。

　　上述分析结果支持了假设 3b，表明对于投资者熟悉的报表项目，短期投资者在不同附注结构披露下对投资吸引力的判断没有显著差异，而对于投资者不熟悉的报表项目，短期投资者在不同附注结构披露下对投资吸引力的判断有显著差异。具体而言，对于短期投资者来说，将熟悉的报表项目不论呈现在分散披露、集中披露还是集中重要披露的附注结构中对他们判断的投资吸引力没有显著影响；将不熟悉的报表项目呈现在分散披露、集中披露或者集中重要披露的附注结构中，他们判断的投资吸引力会依次升高，说明改进后的附注结构将报表项目集中披露和把报表项目集中并放在重要位置披露对短期投资者的投资吸引力判断是有影响的。

6.3.3 附注结构与项目熟悉度对长期投资者投资判断的影响

1. 附注结构与项目熟悉度对长期投资者投资风险感知的影响

假设3c预期的是在投资者类型为长期投资者的情况下，附注结构和项目熟悉度对投资风险判断的交互效应，即预期对于长期投资者而言，无论是否熟悉报表项目，在现行按照报表项目分散披露的附注结构、按照报表项目集中披露的附注结构和按照报表项目集中及重要性披露的附注结构这三种情况下，投资者感知的投资风险可能没有显著差异。

根据表6.43的描述性统计显示，对于投资者熟悉的报表项目，分散披露组被试感知的投资风险均值是5.30，集中披露组被试感知的投资风险均值是5.16，集中重要披露组被试感知的投资风险均值是4.78，三组之间的均值没有显著差异；对于投资者不熟悉的报表项目，描述性统计结果如表6.43所示，分散披露组被试感知的投资风险均值为4.94，集中披露组被试感知的投资风险均值为4.94，集中重要披露组被试感知的投资风险均值为5.16，三组之间的均值也没有显著差异。方差分析结果如表6.44所示，附注结构的主效应不显著（F = 0.122，P = 0.885），项目熟悉度和附注结构的交互效应不显著（F = 0.834，P = 0.436）。上述结果支持了假设3c，表明不管对于熟悉还是不熟悉的报表项目，附注结构对长期投资者的投资风险感知没有显著地影响。

表6.43 　　　　　长期投资者投资风险感知的描述性统计

项目熟悉度	附注结构	样本量	均值	标准差
熟悉	分散披露	30	5.30	2.103
	集中披露	32	5.16	1.609
	集中重要披露	32	4.78	1.930
	合计	94	5.07	1.879

项目熟悉度	附注结构	样本量	均值	标准差
不熟悉	分散披露	32	4.94	1.318
	集中披露	31	4.94	1.459
	集中重要披露	32	5.16	1.706
	合计	95	5.01	1.491
合计	分散披露	62	5.11	1.738
	集中披露	63	5.05	1.529
	集中重要披露	64	4.97	1.817
	合计	189	5.04	1.691

资料来源：作者加工整理。

表 6.44 　　　　　　　　长期投资者投资风险感知的方差分析

来源	Ⅲ类平方和	自由度	均方	F 值	显著性
修正模型	5.709[a]	5	1.142	0.393	0.853
截距	4806.488	1	4806.488	1653.508	0.000
项目熟悉度	0.228	1	0.228	0.078	0.780
附注结构	0.709	2	0.354	0.122	0.885
项目熟悉度×附注结构	4.850	2	2.425	0.834	0.436
误差	531.952	183	2.907		
总计	5343.000	189			
修正后的总变异	537.661	188			

注：a 表示 R 平方 = 0.011（调整后的 R 平方 = -0.016）。
资料来源：作者加工整理。

2. 附注结构与项目熟悉度对长期投资者投资吸引力判断的影响

假设 3c 还预期了，在投资者类型为长期投资者的情况下，附注结构和项目熟悉度对投资吸引力的交互效应，即预期对于长期投资者而言，无论报表项目是否熟悉，在现行按照会计报表项目分散披露的附注结构、按照会计报表项目集中披露的附注结构和按照会计报表项目集中及重要性披露的附注结构这三种情况下，投资者判断的投资吸引力可能没有显著差异。

根据表 6.45 的描述性统计显示，对于投资者熟悉的报表项目，分散披露组被试判断的投资吸引力均值是 5.40，集中披露组被试判断的投资吸引力均值是 5.59，集中重要披露组被试判断的投资吸引力均值是 5.94，三组之间的均值没有显著差异；对于投资者不熟悉的报表项目，描述性统计结果如表 6.45 所示，分散披露组被试判断的投资吸引力均值 5.72，集中披露组被试判断的投资吸引力均值为 5.81，集中重要披露组被试判断的投资吸引力均值为 5.50，三组之间的均值也没有显著差异。方差分析结果如表 6.46 所示，附注结构的主效应不显著（F = 0.179，P = 0.837），项目熟悉度和附注结构的交互效应不显著（F = 1.000，P = 0.370）。

表 6.45　　　　　　长期投资者投资吸引力判断的描述性统计

项目熟悉度	附注结构	样本量	均值	标准差
熟悉	分散披露	30	5.40	1.831
	集中披露	32	5.59	1.829
	集中重要披露	32	5.94	1.684
	合计	94	5.65	1.776
不熟悉	分散披露	32	5.72	1.420
	集中披露	31	5.81	1.167
	集中重要披露	32	5.50	1.741
	合计	95	5.67	1.455
合计	分散披露	62	5.56	1.626
	集中披露	63	5.70	1.531
	集中重要披露	64	5.72	1.713
	合计	189	5.66	1.618

资料来源：作者加工整理。

表 6.46　　　　　　长期投资者投资吸引力判断的方差分析

来源	Ⅲ类平方和	自由度	均方	F 值	显著性
修正模型	6.227[a]	5	1.245	0.469	0.799

来源	Ⅲ类平方和	自由度	均方	F 值	显著性
截距	6049. 804	1	6049. 804	2277. 538	0. 000
项目熟悉度	0. 046	1	0. 046	0. 017	0. 895
附注结构	0. 949	2	0. 475	0. 179	0. 837
项目熟悉度×附注结构	5. 313	2	2. 657	1. 000	0. 370
误差	486. 101	183	2. 656		
总计	6550. 000	189			
修正后的总变异	492. 328	188			

注：a 表示 R 平方 =0.013 （调整后的 R 平方 = –0.014）。
资料来源：作者加工整理。

上述结果支持了假设 3c，表明不管对于熟悉还是不熟悉的项目，附注结构对长期投资者的投资吸引力判断没有显著的影响。综合上述分析，假设 3c 的预期与实验结果是一致的，得到了验证，表明无论投资者对会计报表项目是否熟悉，不同的附注结构（现行按照会计报表项目分散披露的附注结构、按照会计报表项目集中披露的附注结构和按照会计报表项目集中及重要性披露的附注结构）不会影响长期投资者的投资判断。

从上述假设 3a、假设 3b 和假设 3c 的检验结果可以看出，附注结构对短期投资者评价的投资风险和投资吸引力的主效应显著，但对于长期投资者评价的投资风险和投资吸引力的主效应均不显著，说明不同的附注结构对短期投资者有影响，但不会影响长期投资者。进一步地，考虑不同报表项目的情况下，对于熟悉的报表项目，投资者不管持有投资期限的长短，分散披露、集中披露、集中重要披露三种附注结构下感知的投资风险和判断的投资吸引力都没有显著差异，表明对于熟悉的报表项目，不论以什么形式或者放在什么位置披露，投资者都不需要消耗太多的认知资源，能够很容易地搜寻到决策相关的信息（Fazio et al.，1989），进而作出相似的判断。对于不熟悉的报表项目，分散披露、集中披露、集中重要披露三种附注结构下短期投资者评价的投资风险和投资吸引力有显著差异，但长期投资者的判断仍然没有显著差异。这与时间解释理论对长短期投资者的预期是一致的，长期投资者更关注核心内容，不会受到核心信息列示形式的影响；短期投资者更关注具体的细节信息，会受到不同附注形式的影响，尤其在面对不熟悉报表项目的时候，集中披露减少了搜寻时间和认知负荷，让其更容易地了解所有相关信息，因此，与在分散披露的附注结构下相比，在集中披露的附注结构下投资者会作出不同的判断（Trope and Liberman，2003，2010；Nussbaum et al.，2006）。总之，假设 3a、假设 3b 和假设 3c 都成立[1]，说明附注结构、项目熟悉度与投资者类型对投资者的判断存在显著的交互影响。

6.4　附注结构对投资者判断影响的中介分析

6.4.1　中介分析方法

1. 中介模型及中介变量的界定

心理学领域很早就确认了中介变量（Mediator）的重要性，认为通过中介分析能够了解自变量影响因变量的内在生成机制（Woodworth's，1928）。为了明确中介的含义，先介绍一个描述因果链的中介模型图（见图 6.1）。这个模型假设是三个变量的系统，有两条因果路径通向结果变量：自变量的直接影响（路径 b）和中介变量的影响（路径 c）。还有一条路径是从自变量到中介变量的（路径 a）。当一个变量满足以下条件时就成为中介变量：第一，自变量水平的变化显著地导致假定的中介变量的变化（即路径 a），第二，假定的中介变量的变化显著地导致因变量的变化（即路径 c），第三，当路径 a 和路径 c 被控制，以前显著的自变量和因变量之间的关系不再显著，尤其当路径 b 为零时，最强地证明了中介效应的发生。对于最后一个条件，是一个渐进的过程，当路径 b 减为零，可以较强地证明只有一个主要的中介变量，如果路径 b 没有减为零，这表明存在多个中介变量。

---

[1]　本文也建立了回归模型对假设 3 进行回归分析，回归的结果与方差分析结果没有显著差异，基本一致，也支持假设 3a、假设 3b 和假设 3c。

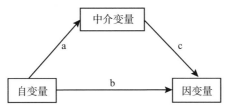

图 6.1 中介模型

资料来源：温忠麟，叶宝娟. 中介效应分析：方法和模型发展［J］. 心理科学进展，2014，22（5）：731－745.

2. 中介效应的检验

检验中介效应最常用的方法是巴伦和肯尼（Baron and Kenny，1986）的三步回归方法。第一，将中介变量对自变量进行回归，即 $M = aX + e_1$，检验系数 a；第二，将因变量对自变量进行回归，即 $Y = bX + e_2$，检验系数 b；第三，把自变量和中介变量都作为自变量放入一个回归方程中进行回归，即 $Y = b'X + cM + e_3$，检验系数 b'。如果系数 a、b、c 都显著，系数 b'不显著或者显著但值变小了，说明发生了完全中介或部分中介。

6.4.2 短期投资者投资判断过程中的中介作用检验

假设 4 是对短期投资者作出投资判断的中介过程的预期。在假设 4 中，我们预期投资者感知的价值未来变动可能性可能中介了附注结构与短期投资者感知的投资风险之间的关系。中介作用分析结果如表 6.47 和图 6.2 所示，自变量附注结构显著影响了中介变量投资者感知的价值未来变动可能性（$a_1 = 1.241$，$p < 0.001$）；自变量附注结构显著影响了因变量投资者感知的投资风险（$b_1 = -0.532$，$p = 0.043$）；当把附注结构和投资者感知的价值未来变动可能性同时包括在一个回归模型中时，附注结构的回归系数不再显著（$c_1 = -0.410$，$p = 0.131$）。上述结果表明，投资者感知的价值未来变动可能性完全中介了附注结构与投资者感知的投资风险之间的关系，支持了假设 4。

表 6.47　　　　　　价值未来变动可能性的中介作用分析

来源	模型（1） 因变量、中介变量 价值未来变动可能性	模型（2） 因变量 投资风险	模型（3） 因变量 投资风险
截距	5.048 （<0.001）	5.548 （<0.001）	6.044 （<0.001）
附注结构	1.241 （<0.001）	−0.532 （0.043）	−0.410 （0.131）
价值未来变动可能性			−0.098 （0.051*）
F 统计值	15.321	4.170	3.408
调整后的 R^2	7.3%	1.7%	2.6%

注：＊表示 P 值为单尾。
资料来源：作者加工整理。

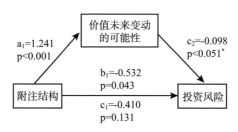

图 6.2　价值未来变动可能性的中介作用结果
资料来源：作者加工整理。

　　在假设 4 中，我们还预期投资者感知的价值未来变动可能性与投资者判断的投资吸引力之间的关系，被投资者感知的投资风险所中介。中介作用分析结果如表 6.48 和图 6.3 所示，自变量投资者感知的价值未来变动可能性显著影响了中介变量投资者感知的投资风险（$a_1 = -0.124$，$p = 0.036$）；自变量投资者感知的价值未来变动可能性显著影响了因变量投资者判断的投资吸引力（$b_1 = 0.210$，$p < 0.001$）；当把投资者感知的价值未来变动可能性和投资风险同时包括在一个回归模型中时，投资者感知的价值未来变动可能性的回归系数变小而且显著性水平下降（$c_1 = 0.160$，$p = 0.002$）。上述结果表明，投资者感知的投资风险部分中介了投资者感知的价值未来变动可能性与投资者判断的投资吸引

力之间的关系，支持了假设 4。

综合上述中介效应分析结果，假设 4 得到了验证，表明对于短期投资者而言，投资者感知的价值未来变动可能性中介了附注结构与投资者感知的投资风险之间的关系；投资者感知的投资风险中介了投资者感知的价值未来变动可能性与投资者判断的投资吸引力之间的关系。

表 6.48   投资风险的中介作用分析

来源	模型（1）因变量、中介变量投资风险	模型（2）因变量投资吸引力	模型（3）因变量投资吸引力
截距	5.924（<0.001）	4.520（<0.001）	6.902（<0.001）
价值未来变动可能性	−0.124（0.036）	0.210（<0.001）	0.160（0.002）
投资风险			−0.402（<0.001）
F 统计值	4.478	14.643	3.408
调整后的 R^2	1.9%	7.0%	2.6%

资料来源：作者加工整理。

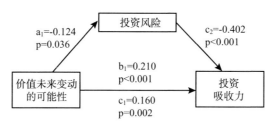

图 6.3   投资风险的中介作用结果

资料来源：作者加工整理。

6.5   进一步分析

为了保证前文得到的实验结果是合理的、稳健的，本节从多个角度进一步检验自变量附注结构、项目熟悉度和投资者类型对因变量投资者判断的影响。首先，在熟悉程度不同的报表项目下，检验附注结构与投资者类型如何影响投资者的判断；其次，将前文使用的项目熟悉度的测度替换为投资者感知的项目熟悉度，投资者类型和附注结构保持与前文一致，再次验证假设3；最后，将被试进行投资判断时表现的自信心作为协变量，附注结构、项目熟悉度与投资者类型作为自变量进行检验，并进一步分析附注结构影响投资者感知的决策相关性的过程。

6.5.1　不同项目熟悉度下附注结构与投资者类型对投资者判断的影响

前文在检验假设3的过程中使用不同的报表项目代替熟悉程度的不同，由于实验设计的需要，很难找到各方面都非常匹配仅在熟悉程度上有差异的两个报表项目，可能会让被试感觉到一些信息差异。但从实验的操控性检验结果和假设检验的结果中可以看出，被试基本上认同本研究对项目熟悉度的划分，并据此作出了相应的决策判断。为了进一步排除不同报表项目之间的可比性问题，我们还根据项目熟悉度的不同将全部样本分为不熟悉的报表项目和熟悉的报表项目两个子样本，并在每一组样本中进行附注结构和投资者类型的 3×2 的方差分析。

1. 不熟悉报表项目下投资者类型和附注结构对投资者判断的影响

（1）不熟悉报表项目下投资者类型和附注结构对投资风险感知的影响。

对于不熟悉报表项目组的样本，根据表 6.49 投资者投资风险感知的描述性统计显示，对于长期投资者，分散披露组被试感知的投资风险均值是 4.94，集中披露组被试感知的投资风险均值是 4.94，集中重要披露组被试感知的投资风险均值是 5.25；对于短期投资者，分散披露组被试感知的投资风险均值为 6.03，集中披露组被试感知的投资风险均值为 5.28，集中重要披露组被试感知的投资风险均值为 4.47，分散披露组的均值高于集中披露组，集中披露组的均值又高于集中重要披露组。投资风险的方差分析结果如表 6.50 所示，附注结构的主效应显著（F = 2.641，P = 0.074），投资者类型和附注结构的交互效应显著（F = 5.920，P = 0.003）。

表 6.49　　不熟悉项目下投资者投资风险感知的描述性统计

投资者类型	附注结构	样本量	均值	标准差
长期投资者	分散披露	32	4.94	1.318
	集中披露	31	4.94	1.459
	集中重要披露	32	5.25	1.606
	合计	95	5.04	1.458
短期投资者	分散披露	31	6.03	1.798
	集中披露	32	5.28	1.486
	集中重要披露	30	4.47	1.502
	合计	93	5.27	1.708
合计	分散披露	63	5.48	1.654
	集中披露	63	5.11	1.471
	集中重要披露	62	4.87	1.594
	合计	188	5.15	1.586

资料来源：作者加工整理。

表 6.50　　不熟悉项目下投资者投资风险感知的方差分析

来源	III 类平方和	自由度	均方	F 值	显著性
修正模型	41.877[a]	5	8.375	3.556	0.004
截距	4984.384	1	4984.384	2116.318	<0.001
投资者类型	2.254	1	2.254	0.957	0.329
附注结构	12.440	2	6.220	2.641	0.074
投资者类型×附注结构	27.884	2	13.942	5.920	0.003
误差	428.649	182	2.355		
总计	5465.000	188			
修正后的总变异	470.527	187			

注：a 表示 R 平方 = 0.089（调整后的 R 平方 = 0.064）。
资料来源：作者加工整理。

　　为了区别不同类型投资者的反应，简单主效应分析结果如表 6.51 所示，对于长期投资者，不同附注结构组被试感知的投资风险均值没有显著差异（F=0.443，P=0.643）；对于短期投资者，不同附注结构组被试感知的投资风险均值差异显著（F=7.935，P<0.001），LSD分析结果如表6.52进一步显示，集中披露组被试感知的投资风险均值与分散披露组被试感知的投资风险均值差异显著（P=0.054）；集中重要披露组被试感知的投资风险均值与集中披露组被试感知的投资风险均值差异显著（P=0.038）。

表6.51　　　　　　　附注结构影响投资风险感知的简单主效应

投资者类型		平方和	自由度	均方	F值	显著性
长期投资者	对比	2.086	2	1.043	0.443	0.643
	误差	428.649	182	2.355		
短期投资者	对比	37.376	2	18.688	7.935	<0.001
	误差	428.649	182	2.355		

资料来源：作者加工整理。

表6.52　　　　　　短期投资者感知的投资风险的多重比较（LSD）

附注结构（I）	附注结构（J）	平均差（I−J）	标准误	显著性	90%置信区间	
					下限	上限
分散披露	集中披露	0.751	0.387	0.054	−0.012	1.514
	集中重要披露	1.566	0.393	<0.001	0.790	2.341
集中披露	分散披露	−0.751	0.387	0.054	−1.514	0.012
	集中重要披露	0.815	0.390	0.038	0.045	1.584
集中重要披露	分散披露	−1.566	0.393	<0.001	−2.341	−0.790
	集中披露	−0.815	0.390	0.038	−1.584	−0.045

资料来源：作者加工整理。

上述分析结果再次支持了假设3a，对于不熟悉的报表项目，短期投资者在不同附注结构下对投资风险的感知有显著差异。具体而言，对于短期投资者来说，将不熟悉的报表项目分散披露、集中披露或者集中重要披露在附注中，投资者感知的投资风险会依次降低，说明改进后的附注结构将会计报表项目集中披露和把会计报表项目集中并放在重要位置披露对短期投资者的投资风险感知是有显著影响的。同时，上述结果也再次支持了假设3c，对于长期投资者来说，不熟悉的报表项目无论出现在按照报表项目分散披露的附注中，还是按照报表项目集中披露或按照报表项目集中及重要性披露的附注中，都不会影响他们对投资风险的感知。

（2）不熟悉报表项目下投资者类型和附注结构对投资吸引力判断的影响。

根据表6.53不熟悉项目下投资者投资吸引力判断的描述性统计显示，对于长期投资者，分散披露组被试判断的投资吸引力均值是5.72，集中披露组被试判断的投资吸引力均值是5.81，集中重要披露组被试判断的投资吸引力均值是5.50；对于短期投资者，分散披露组被试判断的投资吸引力均值为5.32，集中披露组被试判断的投资吸引力均值为6.06，集中重要披露组被试判断的投资吸引力均值为6.77，分散披露组的均值低于集中披露组，集中披露组的均值又低于集中重要披露组。不熟悉项目下投资者投资吸引力判断的方差分析结果如表6.54所示，投资者类型的主效应显著（$F = 2.889$，$P = 0.091$），附注结构的主效应显著（$F = 2.667$，$P = 0.072$），投资者类型和附注结构的交互效应显著（$F = 4.775$，$P = 0.010$）。

139

表 6 - 53　不熟悉项目下投资者投资吸引力判断的描述性统计

投资者类型	附注结构	样本量	均值	标准差
长期投资者	分散披露	32	5.72	1.420
	集中披露	31	5.81	1.167
	集中重要披露	32	5.50	1.741
	合计	95	5.67	1.455
短期投资者	分散披露	31	5.32	1.641
	集中披露	32	6.06	1.564
	集中重要披露	30	6.77	1.478
	合计	93	6.04	1.654
合计	分散披露	63	5.52	1.533
	集中披露	63	5.94	1.378
	集中重要披露	62	6.11	1.728
	合计	188	5.86	1.563

资料来源：作者加工整理。

表 6.54　　　　　不熟悉项目下投资者投资吸引力判断的方差分析

来源	Ⅲ类平方和	自由度	均方	F 值	显著性
修正模型	39.799[a]	5	7.960	3.471	0.005
截距	6458.357	1	6458.357	2816.572	<0.001
投资者类型	6.624	1	6.624	2.889	0.091
附注结构	12.229	2	6.114	2.667	0.072
投资者类型×附注结构	21.897	2	10.948	4.775	0.010
误差	417.323	182	2.293		
总计	6905.000	188			
修正后的总变异	457.122	187			

注：a 表示 R 平方 = 0.087（调整后的 R 平方 = 0.062）。
资料来源：作者加工整理。

　　为进一步区分不同类别投资者的反应，我们进行了简单主效应分析。简单主效应分析结果如表 6.55 所示，对于长期投资者，不同附注结构组被试判断的投资吸引力均值没有显著差异（F = 0.344，P = 0.710）；对于短期投资者，不同附注结构组被试判断的投资吸引力均值差异显著（F = 6.937，P = 0.001），LSD 分析结果如表 6.56 进一步显示，集中披露组被试判断的投资吸引力均值与分散披露组被试判断的投资吸引力均值差异显著（P = 0.054）；集中重要披露组被试判断的投资吸引力均值与集中披露组被试判断的投资吸引力均值差异显著（P = 0.069）。

表 6.55　　　　　附注结构影响投资吸引力判断的简单主效应

投资者类型		平方和	自由度	均方	F 值	显著性
长期投资者	对比	1.577	2	0.788	0.344	0.710
	误差	417.323	182	2.293		
短期投资者	对比	31.812	2	15.906	6.937	0.001
	误差	417.323	182	2.293		

资料来源：作者加工整理。

表 6.56　　　　短期投资者判断的投资吸引力的多重比较（LSD）

附注结构（I）	附注结构（J）	平均差（I－J）	标准误	显著性	90% 置信区间	
					下限	上限
分散披露	集中披露	－0.740	0.382	0.054	－1.493	0.013
	集中重要披露	－1.444	0.388	<0.001	－2.209	－0.679
集中披露	分散披露	0.740	0.382	0.054	－0.013	1.493
	集中重要披露	－0.704	0.385	0.069	－1.463	0.055
集中重要披露	分散披露	1.444	0.388	<0.001	0.679	2.209
	集中披露	0.704	0.385	0.069	－0.055	1.463

注：＊平均差值在 0.05 的水平上显著。
资料来源：作者加工整理。

上述分析结果再次支持了假设 3b，表明对于不熟悉的报表项目，短期投资者在不同附注结构下对投资吸引力的判断有显著差异。具体而言，对于短期投资者来说，将不熟悉的报表项目分散披露、集中披露或者集中重要披露在附注中，他们判断的投资吸引力会依次升高，说明改进后的附注结构将会计报表项目集中披露和把会计报表项目集中并放在重要位置披露对短期投资者的投资吸引力判断是有影响的。同时上述结果也再次验证了假设 3c，对于长期投资者来说，不熟悉的报表项目无论分散披露还是集中披露或集中重要披露在附注中，都不会影响他们对投资吸引力的判断。

2. 熟悉报表项目下投资者类型和附注结构对投资者判断的影响

对熟悉报表项目组的样本，我们以投资者类型和附注结构为自变量，投资风险和投资吸引力为因变量也做了方差分析。

（1）熟悉报表项目下投资者类型和附注结构对投资风险感知的影响。

根据表 6.57 熟悉项目下投资者投资风险感知的描述性统计显示，对于长期投资者，分散披露组被试感知的投资风险均值是 5.30，集中披露组被试感知的投资风险均值是 5.16，集中重要披露组被试感知的投资风险均值是 4.78，三组之间的均值没有显著差异；对于短期投资者，熟悉项目下投资者投资风险感知的描述性统计结果如表 6.57 所示，分散披露组被试感知的投资风险均值为 5.06，集中披露组被试感知的投资风险均值为 5.13，集中重要披露组被试感知的投资风险均值为 5.17，三组之间的均值也没有显著差异。熟悉项目下投资者投资风险感知的方差分析结果如表 6.58 所示，附注结构的主效应不显著（F = 0.228，P = 0.796），投资者类型和附注结构的交互效应不显著（F = 0.484，P = 0.617）。

表 6.57　　　　熟悉项目下投资者投资风险感知的描述性统计

投资者类型	附注结构	样本量	均值	标准差
长期投资者	分散披露	30	5.30	2.103
	集中披露	32	5.16	1.609
	集中重要披露	32	4.78	1.930
	合计	94	5.07	1.879
短期投资者	分散披露	31	5.06	1.672
	集中披露	30	5.13	1.570
	集中重要披露	29	5.17	1.794
	合计	90	5.12	1.661
合计	分散披露	61	5.18	1.884
	集中披露	62	5.15	1.577
	集中重要披露	61	4.97	1.862
	合计	184	5.10	1.771

资料来源：作者加工整理。

表 6.58　　　　熟悉项目下投资者投资风险感知的方差分析

来源	Ⅲ类平方和	自由度	均方	F 值	显著性
修正模型	4.776[a]	5	0.955	0.299	0.913
截距	4782.028	1	4782.028	1494.743	<0.001
投资者类型	0.090	1	0.090	0.028	0.867
附注结构	1.460	2	0.730	0.228	0.796
投资者类型×附注结构	3.094	2	1.547	0.484	0.617
误差	569.463	178	3.199		
总计	5356.000	184			
修正后的总变异	574.239	183			

注：a 表示 R 平方 = 0.008（调整后的 R 平方 = -0.020）。
资料来源：作者加工整理。

上述结果再次支持了假设 3a 和假设 3c，表明对于熟悉的报表项目，附注结构不论是按照报表项目分散披露或者按照报表项目集中披露还是按照报表项目集中及重要性披露对短期投资者的投资风险感知的影响不会有显著差异，也不会显著不同地影响长期投资者的投资风险感知。

（2）熟悉报表项目下投资者类型和附注结构对投资吸引力判断的影响。

根据表 6.59 熟悉项目下投资者投资吸引力判断的描述性统计显示，对于长期投资者，分散披露组被试判断的投资吸引力均值是 5.40，集中披露组被试判断的投资吸引力均值是 5.59，集中重要披露组被试判断的投资吸引力均值是 5.94，三组之间的均值没有显著差异；对于短期投资者，分散披露组被试判断的投资吸引力均值为 5.29，集中披露组被试判断的投资吸引力均值为 5.43，集中重要披露组被试判断的投资吸引力均值为 5.66，三组之间的均值也没有显著差异。熟悉项目下投资者投资吸引力判断的方差分析结果如表 6.60 所示，附注结构的主效应不显著（$F = 1.134$，$P = 0.324$），投资者类型和附注结构的交互效应不显著（$F = 0.043$，$P = 0.958$）。

143

表 6.59　　　熟悉项目下投资者投资吸引力判断的描述性统计

投资者类型	附注结构	样本量	均值	标准差
长期投资者	分散披露	30	5.40	1.831
	集中披露	32	5.59	1.829
	集中重要披露	32	5.94	1.684
	合计	94	5.65	1.776
短期投资者	分散披露	31	5.29	1.774
	集中披露	30	5.43	1.104
	集中重要披露	29	5.66	1.675
	合计	90	5.46	1.537
合计	分散披露	61	5.34	1.788
	集中披露	62	5.52	1.512
	集中重要披露	61	5.80	1.672
	合计	184	5.55	1.662

资料来源：作者加工整理。

表 6.60　　　　　　熟悉项目下投资者投资吸引力判断的方差分析

来源	Ⅲ类平方和	自由度	均方	F 值	显著性
修正模型	8.357ᵃ	5	1.671	0.599	0.701
截距	5663.700	1	5663.700	2028.043	<0.001
投资者类型	1.558	1	1.558	0.558	0.456
附注结构	6.333	2	3.167	1.134	0.324
投资者类型×附注结构	0.240	2	0.120	0.043	0.958
误差	497.099	178	2.793		
总计	6182.000	184			
修正后的总变异	505.457	183			

注：a 表示 R 平方 = 0.017（调整后的 R 平方 = -0.011）。
资料来源：作者加工整理。

上述结果支持了假设 3b 和假设 3c，表明对于投资者熟悉的报表项目，不论附注按照分散披露还是按照报表项目集中披露或者按照报表项目集中及重要性披露对短期投资者和长期投资者的投资吸引力判断都没有显著的影响。

除此之外，为了排除不熟悉项目（金融工具）和熟悉项目（存货）之间因为经营性质的不同可能带来的投资者判断差异，在实验后的问题中被试还在 11 分量表上回答了"您认为，D 公司未来利润可能的波动程度有多大?"，0 表示"波动很小"，10 表示"波动很大"。将被试的回答进行了 t 检验，描述性统计结果如表 6.61 所示，熟悉组被试判断的利润未来波动程度均值是 5.28，不熟悉组被试判断的利润未来波动程度均值是 5.44，不熟悉组均值与熟悉组均值无显著差异，说明投资者认为金融工具项目和存货项目对利润的影响没有差异，并在作出相关判断时没有受到两个项目的经营性质的影响。根据表 6.62 利润未来波动程度的 t 检验结果显示，存货组被试判断的利润未来波动程度均值与金融工具组被试判断的利润未来波动程度均值没有显著差异（t = 0.718，P = 0.473）。

表 6.61　　　　　　　　　利润未来波动程度的描述性统计

附注结构	样本量	均值	最小值	最大值	标准差
熟悉	184	5.28	0	9	2.079
不熟悉	188	5.44	0	10	2.187
合计总体	372	5.36	0	10	2.133

资料来源：作者加工整理。

表 6.62　　　　　　　　　利润未来波动程度的 t 检验结果

因变量	平均差	标准误差	差值的95%的置信区间		t 值	自由度	显著性（双尾）
			下限	上限			
利润未来波动程度	0.159	0.221	-0.276	0.594	0.718	370	0.473

资料来源：作者加工整理。

6.5.2　附注结构、感知的项目熟悉度和投资者类型对投资者判断的影响

本书主要研究的是附注结构与投资者的报表项目熟悉度对长期投资者和短期投资者判断的不同影响，即在投资者持有投资期限不同时，不同熟悉程度的项目在按照报表项目分散披露、集中披露还是按照集中及重要性披露的附注中对投资者判断的影响是有区别的。这里使用不同的报表项目代替了熟悉程度的不同，为了保证结果的稳健性，我们还测度了被试对同一报表项目是否熟悉，即投资者感知的项目熟悉度，以此代替以上主要检验中使用的项目熟悉度。下面为了简化实验分析，我们以前文的不熟悉项目组（金融资产）为样本，在不同投资者类型下分别以附注结构（分散披露、集中披露）和投资者感知的项目熟悉度（熟悉、不熟悉）为自变量，投资风险、投资吸引力为因变量进行了两个 2×2 的方差分析。其中，投资者感知的项目熟悉度是指投资者认为自己对金融资产项目的熟悉程度，具体的测度是，将被试在 11 分量表上对问题"您对本案例中发生价值变动的项目——金融资产及其公允价值变动的熟悉程度如何？"的回答得分按照中值分为两组，低于中值的划为

不熟悉组，高于中值的划为熟悉组。

1. 附注结构与投资者感知的项目熟悉度对短期投资者判断的影响

（1）附注结构与感知的项目熟悉度对短期投资者投资风险感知的影响。

根据表 6.63 附注结构和感知的项目熟悉度影响短期投资者投资风险感知的描述性统计显示，当投资者感知到该项目熟悉时，分散披露组被试感知的投资风险均值是 5.60，集中披露组被试感知的投资风险均值是 5.53；当投资者感知到该项目不熟悉时，分散披露组被试感知的投资风险均值为 6.44，集中披露组被试感知的投资风险均值为 5.00，分散披露组的均值高于集中披露组。附注结构和感知的项目熟悉度影响短期投资者投资风险感知的方差分析结果如表 6.64 所示，附注结构的主效应显著（F = 3.340，P = 0.073），感知的项目熟悉度和附注结构的交互效应显著（F = 2.744，P = 0.051*）。简单主效应分析结果如表 6.65 所示，投资者感知到该项目熟悉时，不同附注结构组被试感知的投资风险均值没有显著差异（F = 0.015，P = 0.903）；当投资者感知到该项目不熟悉时，简单主效应分析结果表 6.65 显示，不同附注结构组被试感知的投资风险均值差异显著（F = 5.983，P = 0.017）。

表 6.63　　附注结构和感知的项目熟悉度影响短期投资者
投资风险感知的描述性统计

感知的项目熟悉度	附注结构	样本量	均值	标准差
熟悉	分散披露	15	5.60	1.993
	集中披露	17	5.53	1.419
	合计	32	5.56	1.684
不熟悉	分散披露	16	6.44	1.548
	集中披露	15	5.00	1.558
	合计	31	5.74	1.692
合计	分散披露	31	6.03	1.798
	集中披露	32	5.28	1.486
	合计	63	5.65	1.677

资料来源：作者加工整理。

表 6.64　附注结构和感知的项目熟悉度影响短期投资者投资风险感知的方差分析

来源	Ⅲ类平方和	自由度	均方	F 值	显著性
修正模型	16.545[a]	3	5.515	2.062	0.057 *
截距	1999.811	1	1999.811	747.840	<0.001
感知的项目熟悉度	0.373	1	0.373	0.139	0.710
附注结构	8.931	1	8.931	3.340	0.073
感知的项目熟悉度×附注结构	7.337	1	7.337	2.744	0.051 *
误差	157.773	59	2.674		
总计	2186.000	63			
修正后的总变异	174.317	62			

注：a 表示 R 平方 = 0.095（调整后的 R 平方 = 0.049）；* 表示 P 值为单尾。
资料来源：作者加工整理。

表 6.65　　　　　　　　附注结构对投资风险的简单主效应

感知的项目熟悉度		平方和	自由度	均方	F 值	显著性
熟悉	对比	0.040	1	0.040	0.015	0.903
	误差	157.773	59	2.674		
不熟悉	对比	15.998	1	15.998	5.983	0.017
	误差	157.773	59	2.674		

资料来源：作者加工整理。

　　上述分析结果进一步表明对于投资者熟悉的报表项目，短期投资者在不同附注结构披露下对投资风险的感知没有显著差异，而对于投资者不熟悉的报表项目，短期投资者在不同附注结构披露下对投资风险的感知有显著差异。具体而言，当短期投资者对某个报表项目熟悉时，附注按照分散披露还是集中披露对他们感知的投资风险没有显著影响；当短期投资者对某个报表项目不熟悉时，附注按照分散披露或者集中披露，他们感知的投资风险会依次降低，说明改进后的集中披露附注结构对短期投资者的风险感知是有影响的。

（2）附注结构与感知的项目熟悉度对短期投资者投资吸引力判断的影响。

根据表 6.66 附注结构和感知的项目熟悉度影响短期投资者投资吸引力判断的描述性统计显示，当投资者感知到该报表项目熟悉时，分散披露组被试判断的投资吸引力均值是 5.60，集中披露组被试判断的投资吸引力均值是 5.71；当投资者感知到该报表项目不熟悉时，分散披露组被试判断的投资吸引力均值为 5.06，集中披露组被试判断的投资吸引力均值为 6.47，分散披露组的均值显著低于集中披露组。附注结构和感知的项目熟悉度影响短期投资者投资吸引力判断的方差分析结果如表 6.67 所示，附注结构的主效应显著（$F = 3.527$，$P = 0.065$），感知的项目熟悉度和附注结构的交互效应显著（$F = 2.607$，$P = 0.056^*$）。简单主效应分析结果如表 6.68 所示，投资者感知到该报表项目熟悉时，不同附注结构组被试判断的投资吸引力均值没有显著差异（$F = 0.035$，$P = 0.852$），当投资者感知到该报表项目不熟悉时，简单主效应分析结果如表 6.68 所示，不同附注结构组被试判断的投资吸引力均值差异显著（$F = 6.012$，$P = 0.017$）。

148

表 6.66　　附注结构和感知的项目熟悉度影响短期投资者投资吸引力判断的描述性统计

感知的项目熟悉度	附注结构	样本量	均值	标准差
熟悉	分散披露	15	5.60	1.549
	集中披露	17	5.71	1.611
	合计	32	5.66	1.558
不熟悉	分散披露	16	5.06	1.731
	集中披露	15	6.47	1.457
	合计	31	5.74	1.731
合计	分散披露	31	5.32	1.641
	集中披露	32	6.06	1.564
	合计	63	5.70	1.633

资料来源：作者加工整理。

表6.67　　　　　附注结构和感知的项目熟悉度影响短期投资者
投资吸引力判断的方差分析

来源	Ⅲ类平方和	自由度	均方	F 值	显著性
修正模型	15.470[a]	3	5.157	2.031	0.059*
截距	2047.616	1	2047.616	806.470	<0.001
感知的项目熟悉度	0.196	1	0.196	0.077	0.782
附注结构	8.954	1	8.954	3.527	0.065
感知的项目熟悉度×附注结构	6.619	1	6.619	2.607	0.056*
误差	149.800	59	2.539		
总计	2211.000	63			
修正后的总变异	165.270	62			

注：a表示R平方=0.094（调整后的R平方=0.048）；*表示P值为单尾。
资料来源：作者加工整理。

表6.68　　　　　　　附注结构对投资吸引力的简单主效应

感知的项目熟悉度		平方和	自由度	均方	F 值	显著性
熟悉	对比	0.089	1	0.089	0.035	0.852
	误差	149.800	59	2.539		
不熟悉	对比	15.265	1	15.265	6.012	0.017
	误差	149.800	59	2.539		

资料来源：作者加工整理。

　　上述分析结果进一步表明，当投资者对报表项目熟悉时，短期投资者在不同附注结构披露下对投资吸引力的判断没有显著差异，而当投资者对报表项目不熟悉时，短期投资者在不同附注结构披露下对投资吸引力的判断有显著差异，在按照集中披露的附注结构下短期投资者判断的投资吸引力会显著高于投资者在按照分散披露的附注结构下做出的判断，说明改进后的集中披露附注结构对短期投资者的投资吸引力判断是有影响的。

2. 附注结构与投资者感知的项目熟悉度对长期投资者判断的影响

（1）附注结构与感知的项目熟悉度对长期投资者投资风险感知的

影响。

根据表 6.69 附注结构和感知的项目熟悉度影响长期投资者投资风险感知的描述性统计结果显示，当投资者感知到该报表项目熟悉时，分散披露组被试感知的投资风险均值是 5.14，集中披露组被试感知的投资风险均值是 5.31，两组之间没有显著差异；当投资者感知到该报表项目不熟悉时，分散披露组被试感知的投资风险均值为 4.78，集中披露组被试感知的投资风险均值为 4.53，两组之间也没有显著差异。附注结构和感知的项目熟悉度影响长期投资者投资风险感知的方差分析结果如表 6.70 所示，感知的项目熟悉度和附注结构的交互效应不显著（$F = 0.353$，$P = 0.555$）。

表 6.69　　　　　附注结构和感知的项目熟悉度影响长期投资者
投资风险感知的描述性统计

感知的项目 熟悉度	附注结构	样本量	均值	标准差
熟悉	分散披露	14	5.14	1.460
	集中披露	16	5.31	1.078
	合计	30	5.23	1.251
不熟悉	分散披露	18	4.78	1.215
	集中披露	15	4.53	1.727
	合计	33	4.67	1.451
合计	分散披露	32	4.94	1.318
	集中披露	31	4.94	1.459
	合计	63	4.94	1.378

资料来源：作者加工整理。

表 6.70　　附注结构和感知的项目熟悉度影响长期投资者投资风险感知的方差分析

来源	Ⅲ类平方和	自由度	均方	F 值	显著性
修正模型	5.750[a]	3	1.917	1.010	0.395
截距	1525.325	1	1525.325	803.547	< 0.001
感知的项目熟悉度	5.111	1	5.111	2.693	0.106

来源	Ⅲ类平方和	自由度	均方	F 值	显著性
附注结构	0.022	1	0.022	0.012	0.915
感知的项目熟悉度 × 附注结构	0.669	1	0.669	0.353	0.555
误差	111.996	59	1.898		
总计	1653.000	63			
修正后的总变异	117.746	62			

注：a 表示 R 平方 = 0.049（调整后的 R 平方 < 0.001）。
资料来源：作者加工整理。

　　上述分析结果进一步表明，不管投资者感知的报表项目的熟悉程度如何，长期投资者在不同附注结构披露下对投资风险的感知没有显著差异，说明改进后的集中披露附注结构对长期投资者的风险感知是没有影响的。

　　（2）附注结构与投感知的项目熟悉度对长期投资者投资吸引力判断的影响。

　　根据表 6.71 附注结构和感知的项目熟悉度影响长期投资者投资吸引力判断的描述性统计结果显示，当投资者感知到该报表项目熟悉时，分散披露组被试判断的投资吸引力均值是 6.00，集中披露组被试判断的投资吸引力均值是 6.06，两组之间没有显著差异；当投资者感知到该报表项目不熟悉时，分散披露组被试判断的投资吸引力均值为 5.50，集中披露组被试判断的投资吸引力均值为 5.53，两组之间也没有显著差异。附注结构和感知的项目熟悉度影响长期投资者投资吸引力判断的方差分析结果如表 6.72 所示，感知的项目熟悉度和附注结构的交互效应不显著（F = 0.002，P = 0.965）。

表 6.71　　附注结构和感知的项目熟悉度影响长期投资者
投资吸引力判断的描述性统计

感知的项目熟悉度	附注结构	样本量	均值	标准差
熟悉	分散披露	14	6.00	1.617
	集中披露	16	6.06	1.063
	合计	30	6.03	1.326

续表

感知的项目 熟悉度	附注结构	样本量	均值	标准差
	分散披露	18	5.50	1.249
不熟悉	集中披露	15	5.53	1.246
	合计	33	5.52	1.228
	分散披露	32	5.72	1.420
合计	集中披露	31	5.81	1.167
	合计	63	5.76	1.292

资料来源：作者加工整理。

表 6.72　　　附注结构和感知的项目熟悉度影响长期投资者
投资吸引力判断的方差分析

来源	Ⅲ类平方和	自由度	均方	F 值	显著性
修正模型	4.258[a]	3	1.419	0.844	0.475
截距	2082.436	1	2082.436	1238.910	<0.001
感知的项目熟悉度	4.135	1	4.135	2.460	0.122
附注结构	0.036	1	0.036	0.021	0.884
感知的项目熟悉度×附注 结构	0.003	1	0.003	0.002	0.965
误差	99.171	59	1.681		
总计	2195.000	63			
修正后的总变异	103.429	62			

注：a 表示 R 平方=0.041（调整后的 R 平方=−0.008）。
资料来源：作者加工整理。

　　上述分析结果进一步表明，不论投资者对报表项目熟悉与否，长期投资者在不同附注结构披露下对投资吸引力的判断没有显著差异，说明改进后的集中披露附注结构对长期投资者的投资吸引力判断是没有影响的。

　　以上关于实验结果分析再次佐证了，在投资者不熟悉报表项目的情况下，改进后的附注结构会影响短期投资者的投资判断，即改进后的集中披露附注结构比当前分散披露附注结构会使投资者在面对不熟悉的报表项目时，感知的投资风险更低，判断的投资吸引力更高；而对于长期投资者，不管报表项目是否熟悉，改进后的附注结构不会影响他们的投资判断。

6.5.3　被试作出投资判断的自信心分析

斯尼泽和亨利（Sniezek and Henry，1989）对群体判断的研究发现，个体对自己判断的自信程度影响个体及所在群体的判断准确性。同样的，布鲁菲尔德等（Bloomfield et al.，1996）的实验结果也表明个体在作出判断时的自信心会影响其判断决策的业绩。为了保证我们的实验结果没有受到被试自信心差异的影响，在被试作出投资吸引力的判断之后，让被试在 11 分量表上回答了"在做出对 D 公司投资吸引力的判断时，您的自信程度如何？"，0 表示一点不自信，10 表示非常自信。

首先，我们检验对自变量的操控是否导致各组被试感知的自信心不同，根据表 6.73 被试感知的自信心的方差分析结果显示，实验中涉及的 12 个处理组的被试之间感知到的自信心没有显著差异（F = 1.221，P = 0.271）。这表明自变量的操控没有影响实验组之间被试的自信心，成功实现了自信心在不同实验处理组之间的随机化。

表 6.73　　　　　　　　　被试感知的自信心的方程分析

	平方和	自由度	均方	F 值	显著性
组间	46.712	11	4.247	1.221	0.271
组内	1252.278	360	3.479		
总计	1298.989	371			

资料来源：作者加工整理。

接下来，我们进一步检验被试感知的自信心是否影响他们对投资吸引力的判断。被试感知的自信心作为协变量的方差分析如表 6.74 所示，是把附注结构作为自变量，被试在判断投资吸引力时感知的自信心作为协变量，投资吸引力作为因变量进行的方差分析，结果显示，在方差分析模型中加入自信心这个变量，附注结构对投资者判断的投资吸引力的主效应依然显著（F＝5.247，P＝0.023）。这说明被试感知的自信心没有影响附注结构与投资者的投资吸引力判断之间的关系，前文假设2b中预期的被试对投资吸引力的判断差异是由自变量附注结构的不同导致的，也就是说，被试感知的自信心这个变量没有影响本节的实验结果。

表6.74　　　　　　被试感知的自信心作为协变量的方差分析

来源	III类平方和	自由度	均方	F 值	显著性
修正模型	23.437[a]	2	11.719	4.563	0.011
截距	807.299	1	807.299	314.358	＜0.001
自信程度	9.726	1	9.726	3.787	0.052
附注结构	13.476	1	13.476	5.247	0.023
误差	947.625	369	2.568		
总计	13087.000	372			
修正后的总变异	971.062	371			

注：a 表示 R 平方 = 0.024（调整后的 R 平方 = 0.019）。
资料来源：作者加工整理。

根据表6.75是把被试在判断投资吸引力时感知的自信心作为协变量，附注结构、项目熟悉度、投资者类型作为自变量，投资吸引力作为因变量进行的方差分析，结果显示，在方差分析模型中加入感知的自信心这个变量，附注结构对投资者判断的投资吸引力的主效应依然显著（F＝3.510，P＝0.051），投资者类型、项目熟悉度和附注结构三者的交互效应也依然显著（F＝2.289，P＝0.051*）。这说明被试感知的自信心没有影响本节的实验结果，前文假设3中预期的被试对投资吸引力的判断差异是由附注结构、项目熟悉度、投资者类型三者的交互作用引起的。总而言之，以上对被试自信心的检验结果表明，被试在判断与决策过程中的自信心没有影响本实验，排除了被试自信心这个变量对实验结果的解释。

表 6.75　被试感知的自信心作为协变量在交互效应中的方差分析

来源	Ⅲ类平方和	自由度	均方	F 值	显著性
修正模型	66.520[a]	12	5.543	2.200	0.011
截距	804.609	1	804.609	319.338	<0.001
自信心	9.881	1	9.881	3.922	0.048
投资者类型	0.960	1	0.960	0.381	0.537
项目熟悉度	9.686	1	9.686	3.844	0.051
附注结构	17.687	2	8.844	3.510	0.031
投资者类型×项目熟悉度	7.385	1	7.385	2.931	0.088
投资者类型×附注结构	9.685	2	4.843	1.922	0.148
项目熟悉度×附注结构	0.464	2	0.232	0.092	0.912
投资者类型×项目熟悉度×附注结构	11.534	2	5.767	2.289	0.051*
误差	904.542	359	2.520		
总计	13087.000	372			
修正后的总变异	971.062	371			

注：a 表示 R 平方 = 0.069（调整后的 R 平方 = 0.037）。
资料来源：作者加工整理。

6.5.4　附注结构对决策相关性不变的中介效应分析

在 IASB 发布的《财务报告概念框架》中，易理解性（understandability）是财务报表信息的一项增强的质量特征，易理解的财务报表信息提供的数据要便于信息使用者理解，并且要采用使用者理解范围之内的表达形式和术语。易理解性要求清晰简洁地对信息进行分类、按特征进行描述及列报。可见，信息的表达或列报形式会影响信息使用者对信息的理解。IASB 要求财务报表信息要易于理解，旨在增强投资者对信息决策相关性的感知。莫顿（Morton，1974）检验了易理解性与相关性之间的关系，结果发现使用者对附注信息的易理解性和相关性的评价有显著正相关关系，表明较高的决策相关性评价通常伴随着较高的易理解性的感知。根据以上论述，信息列示形式可能会影响信息的易理解性，易理解性可能会进一步影响信息的决策相关性。假设 1 的检验结果表明不同的附注结构会影响投资者感知的决策相关性，集中披露的附注结构比分散披露的附注结构会使投资者感知的决策相关性更高。那么，附注结构是如何影响投资者的决策相关性感知的，是否通过影响附注信息的易理解性进而影响了投资者对附注信息决策相关性的感知。

为了厘清这个机理，在实验中，我们让被试回答了测度易理解性的问题。根据实验条件组的不同，让被试在 11 分量表上回答"您认为，从 D 公司报表附注中了解存货价值变动大小的容易程度如何？"，或者"您认为，从 D 公司报表附注中了解金融资产公允价值变动大小的容易程度如何？"，0 表示"一点也不容易"，10 表示"非常容易"。我们将这个问题的答案作为中介变量，附注结构作为自变量，决策相关性作为因变量做了中介回归检验。

中介作用分析结果如表 6.76 和图 6.4 所示，自变量附注结构显著影响了中介变量投资者感知的易理解性（$a_1 = 0.548$，$p = 0.012$）；自变量附注结构显著影响了因变量投资者感知的决策相关性（$b_1 = 0.492$，$p = 0.020$）；当把附注结构和投资者感知的易理解性同时包括在一个回归模型中时，附注结构的回归系数不再显著（$c_1 = 0.296$，$p = 0.135$）。上述结果表明投资者感知的易理解性完全中介了附注结构与投资者感知的决策相关性之间的关系，也就是集中披露的附注结构使投资者更容易地了解相关报表项目的信息，进而关注到与决策相关的信息并作出恰当的决策。

表 6.76　　　　　　　　易理解性的中介效应分析

来源	模型（1）因变量、中介变量 易理解性	模型（2）因变量 决策相关性	模型（3）因变量 决策相关性
截距	4.960（<0.001）	5.427（<0.001）	3.657（<0.001）
附注结构	0.548（0.012）	0.492（0.020）	0.296（0.135）
易理解性			0.357（<0.001）
F 统计值	6.349	5.464	32.28
调整的 R^2	1.4%	1.2%	14.4%

资料来源：作者加工整理。

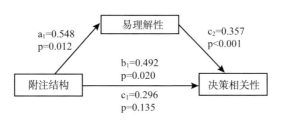

图 6.4　易理解性的中介效应

资料来源：作者加工整理。

第7章 结　　论

7.1　研究结论和实践意义

7.1.1　研究结论

资本市场是社会资源配置的重要渠道之一，而社会资源的配置主要依赖于资源需求方如何传递自身的能力，即如何披露财务状况、业绩等财务信息，因此，信息披露是影响资源配置效率的重要因素。资本市场这些年来之所以日益发达，因为它能够坚持"公平、公正、公开"的行为原则要求上市公司披露信息，尤其是反映公司盈利能力和财务状况的会计信息披露。然而，作为会计信息重要组成部分的附注信息如何进行披露一直是有争议的。针对附注信息披露过多导致使用者信息过载、附注结构样板化无法提供相关信息、附注中的重要交易或事项的信息分散无法集中处理等问题，IASB 和 FASB 等准则制定机构都相应地提出了修订附注的建议（IASB，2012，2014；FASB，2012，2014）。在此背景下，本研究运用心理学中的有限注意力、认知负荷、接近兼容、时间解释等理论，检验以不同的附注结构披露信息对投资者判断的影响，以及不同的附注结构、投资者的报表项目熟悉度与投资者类型对投资者判断的共同影响。针对这些研究问题，本书使用实验方法，通过良好的实验设计获取有效的数据，并在对实验数据统计分析的基础上，得出了以下的研究结论：

（1）理论分析认为，基于个体有限的注意力和认知负荷，以及接近兼容原则，以不同的附注结构披露信息会影响投资者的判断，即按照报表项目分散披露、按照报表项目集中披露和按照报表项目集中及重要性披露的附注结构会导致投资者的判断产生差异；由于认知负荷、熟悉效应和时间带来的不同解释水平的应用，附注结构、投资者的报表项目熟悉度和投资者类型也会共同影响投资者的判断。同时，投资者感知的价值未来变动可能性会对附注结构与投资者判断的关系起到中介作用。

（2）实验结果表明，不同附注结构影响了投资者对附注信息的决策相关性的感知。具体而言，与现行按照报表项目分散披露的附注结构相比，对按照报表项目集中披露的附注结构，投资者感知的决策相关性更高；与按照报表项目集中披露的附注结构相比，对按照报表项目集中及重要性披露的附注结构，投资者感知的决策相关性更高。总之，改进后的集中披露附注结构会让投资者感知到附注信息与决策更相关。

（3）实验结果表明，不同附注结构会影响投资者对公司投资风险的感知和投资吸引力的判断。具体而言，与现行按照报表项目顺序分散披露的附注结构相比，在报表项目集中披露的附注结构和按照报表项目集中及重要性披露的附注结构下，投资者感知的投资风险更低，判断的投资吸引力更高。

（4）实验结果表明，附注结构、投资者的报表项目熟悉度和投资者类型三者共同影响了投资者判断。具体而言，对短期投资者来说，在不熟悉的报表项目下，其感知的投资风险，在现行按照报表项目分散披露的附注结构下最高，在按照报表项目集中及重要性披露的附注结构下最低，在按照报表项目集中披露的附注结构下介于两者之间；相反，其判断的投资吸引力，在现行按照报表项目分散披露的附注结构下最低，在按照报表项目集中及重要性披露的附注结构下最高，在按照报表项目集中披露的附注结构下介于两者之间。在熟悉的报表项目下，在上述三种附注结构下，短期投资者对投资风险的感知和投资吸引力的判断没有显著差异。

对长期投资者来说，无论投资者对报表项目的熟悉程度如何，在现行按照报表项目顺序分散披露的附注结构、按照报表项目集中披露的附注结构和按照报表项目集中及重要性披露的附注结构这三种情况下，投资者感知的投资风险和判断的投资吸引力均没有显著差异，也就是说，长期投资者在作出投资判断时没有受到附注结构的影响。

（5）实验结果表明，短期投资者在作出投资判断的过程中，投资者感知的价值未来变动可能性中介了附注结构与投资者感知的投资风险之间的关系；投资者感知的投资风险中介了投资者感知的价值未来变动可能性与投资者判断的投资吸引力之间的关系。

7.1.2　实践意义

公司业绩的充分披露对资本市场的健康发展是有益的，而披露的主要途径是公司的财务报表和相关的报表附注补充信息。标准的财务报表由于形式和内容的统一性，有利于公司之间进行简单的"净利润"或"流动资产"等项目的比较，但不利于信息使用者获取与决策更加相关的详细信息。但报表附注的补充信息会提供对报表项目进行说明的额外信息，以增强财务报表内容的有效性和决策相关性。然而，随着经济发展的多元化和新兴产业的异军突起，资本市场对信息的要求日益增加，投资者迫切需要公司具体的、个性化的信息披露，目前的报表附注无法满足这样的信息需求。为了既保持信息的可比性，又满足投资者的个性化需求，准则制定机构越来越重视披露的改进，不断改善报表附注披露的结构和内容。但报表附注披露如何做到既尽可能多地披露与每一家公司相关的具体信息，又不会过多地增加编制者和使用者的负担，还没有研究为准则制定机构提供可供参考的经验证据。IASB 的主席汉斯·胡格沃斯特先生呼吁"披露动议聚焦于确保财务报告是沟通的工具而不仅仅是合规性文件，我们期待听到各利益相关者对这个重要项目的观点"（IASB，2014）。本书通过实验研究回应了对披露动议的看法，检验了报表附注结构、投资者的报表项目熟悉度和投资者类型对投资者判断的影响，对准则制定机构改进相关准则、公司管理层如何组织安排附注披露以及个体投资者投资决策具有重要的现实意义。

1. 对 IASB 等准则制定机构提议的披露准则的政策意义

2014 年 3 月 25 日，国际会计准则理事会（IASB）发布了《披露动议——对〈国际会计准则第 1 号〉的修订（征求意见稿）》，向世界各国、各地区和各类机构征求意见。该征求意见稿提出了报表附注结构的改变，要求企业应尽可能按系统的方式列报报表附注，并在确定系统方式时，考虑财务报表的可理解性和可比性。此外还提出，当企业确定报

表附注的系统列报方式时，不一定按照《国际会计准则第 1 号》第 114
段要求的顺序，即按照项目在报表里列示的顺序。也可以按照如下方式
确定报表附注的顺序：突出披露那些对理解企业财务状况或财务业绩更
相关的信息，或者使某些披露之间的关系更易理解。例如，企业可以将
关于金融工具的所有信息放在一起披露，比如在损益中确认的公允价值
变动的披露，财务状况表中确认的公允价值以及这些工具的到期日等的
披露。按这种分类方式在附注中披露报表项目信息，可以使披露的信息
之间的关系更清晰。此外，这些分类披露在财务报表中的位置，取决于
企业如何看待金融工具对其财务状况或财务业绩的相对重要性。2012
年 7 月 FASB 发布的《披露框架的征求意见稿》中的第五章附注的形式
与结构，建议对报表附注一个可能的改进是集中披露相关信息。例如，
公允价值的披露可以集中在以公允价值计量的项目的附注下，而不是孤
立在每一个附注下。欧洲财务报告咨询小组（EFRAG）、法国会计准则
委员会（ANC）和英国财务报告委员会（FRC）也于 2012 年 7 月联合
发布讨论稿《关于附注的披露框架》（Towards a Disclosure Framework for
the Notes），提议对报表附注的修订。我国财政部通过对国内各企事业
单位和各类职业团体提供的修改意见进行整理、汇总和分析，也向
IASB 反馈了我国的看法，以此回应 IASB 对附注修订的提议，进一步促
进了我国会计准则的国际趋同。实验非常适合解决事前政策问题，因为
实验研究人员能够在其他条件不变的情况下，基于试行的目的操控提议
的备选方案（Kachelmeier and King，2002）。尽管国际及其各国准则制
定机构提出集中披露的附注结构会更好地呈现附注的相关内容，但这种
改进的附注结构如何影响投资者的判断与决策是不清楚的。本书根据准
则制定机构的提议，在实验中检验了三种附注结构：当前按照报表项目
分散披露的附注结构、按照报表项目集中披露的附注结构和按照报表项
目集中及重要性披露的附注结构，结果发现改进后的集中披露附注结构
和将集中信息放置在相对重要位置披露的附注结构，使投资者更容易理
解相关报表项目及附注补充信息，进而认为附注信息与投资决策更相
关，判断的公司投资吸引力更高。另外，不同熟悉程度的报表项目在不
同附注结构下对不同类型投资者的投资判断的影响是有区别的，因此，
准则制定机构需要进一步细化附注结构的规定，不能将所有报表项目一
概而论，区别设计披露不同报表项目的结构，明确项目重要性的判断

标准。

2. 指导公司管理层恰当地披露附注信息

目前公司基本采用样板化模式的附注结构披露信息，即披露内容统一、披露形式单一，在附注中一致地按照项目在资产负债表、利润表和现金流量表的顺序逐项进行注释说明，造成信息冗余，主次不分，增加信息使用者的负担，导致使用者难以获取有用的信息，最后带来附注信息不被重视。汇丰银行的高管认为造成过多无关信息披露的原因有以下几个：较差的报告组织和结构，重复披露，缺乏有针对性的披露规定带来的样板化披露，披露没有关注关键问题、新出现的问题和发生改变的问题。本书的研究也表明，投资者面对分散披露的附注信息时，无法获取决策相关信息导致投资判断没有差异，而集中披露能够减轻投资者的认知负荷，让投资者快速获取有用的信息并集中精力处理这些信息，从而作出恰当的投资判断，尤其在把集中信息放在首要位置时。此外，研究还发现对于投资者熟悉的报表项目，无论以分散披露、集中披露还是集中重要披露出现在附注中，都不会影响投资者的判断；而对于投资者不熟悉的报表项目，以分散披露、集中披露和集中重要披露出现在附注中，投资者对公司投资风险的感知依次降低，投资吸引力的判断依次升高。因此，对于金融资产、金融负债等新兴或者不常规而又关键的报表项目，公司管理层应该恰当地设计它们在附注中的披露和披露位置，而对于常规的、熟悉的项目，比如存货、应收项目等，就无须花费过多精力考虑如何披露更易于投资者接受。此外，本书在附注中披露的是损失信息，有研究表明个体对负面线索比对正面线索赋予的权重更大，而产生负面偏差（Weber，1994；Skowronski and Carlston，1989；Taylor，1991）。从本书的实验结果可以看出，不利信息以分散披露要比以集中披露令投资者感知的投资风险更大，进而判断的投资吸引力更小。也就意味着在分散披露时，投资者过于看重价值变动下降对公司盈余的影响，而当集中披露时，投资者不仅看到价值变动损失，还能看到价值变动损失的不确定性信息，从而不会过于消极，感知的投资风险会降低。因此，公司管理层在附注中披露不利信息时，可以考虑使用集中披露的方式，减轻投资者认知的负面偏差。

3. 有利于改善投资者的投资理念

对于投资者，本书提供了理论解释和实验证据表明投资者类型会系统地影响投资者加工财务报表附注信息的方式。具体地说，当投资者为短期投资者时，不同的附注结构对投资者感知的投资风险和判断的投资吸引力的影响有显著差异；但当投资者为长期投资者时，不同附注结构对投资者感知的投资风险和判断的投资吸引力的影响没有显著差异。进一步地，考虑不同报表项目的情况下，对于熟悉的报表项目，不论是长期投资者还是短期投资者，按照报表项目分散披露、按照报表项目集中披露和按照报表项目集中及重要性披露三种附注结构下感知的投资风险没有显著差异，判断的投资吸引力也没有显著差异；对于不熟悉的报表项目，按照报表项目分散披露、按照报表项目集中披露和按照报表项目集中及重要性披露三种附注结构下短期投资者感知的投资风险和判断的投资吸引力有显著差异，但长期投资者的判断仍然没有显著差异。在识别投资目标时，投资期限是个体投资者需要考虑的第一个也是最重要的问题之一（CFA Institute，2010），表明期限在投资决策中是有影响的，本书的研究结论也证明了这一点。因此，本书研究对于寻求深入了解自身决策过程的投资者是有价值的。深入了解期限与信息环境交互影响投资者判断的方式，有助于投资者减小在分配投资资本时产生系统错误的可能性（Libby and Lewis，1982；Bonner，1999；Evans，2005）。

根据上海证券交易所对 2012 年沪市 A 股的投资者结构、行为特征进行研究分析的报告①，个人投资者参与交易的活跃程度历年居高不下，交易较频繁；2012 年，投资者的平均持有投资期限为 66.5 天，相比 2011 年，个人投资者持有投资周期有所缩短，持股期限不到 50 天。根据深圳证券交易所教育中心提供的《深市投资者结构与行为分析》，个人投资者的资金周转率处于较高水平，2011 年个人投资者资金周转率为 6.35，高于机构投资者资金周转率水平 4 倍以上。这些都表明我国资本市场上个体投资者交易频繁，非理性交易行为较明显，助推了股市波动和泡沫的形成。因此，本书的研究结果对我国投资者的启示意义尤为重要，有助于投资者慎重考虑自身的投资目标，促使他们树立长期投资和价值投资的理念。

---

① 朱伟骅，王振华. 上海证券市场投资者结构与行为报告（2013）［R］.

7.2 研究局限性和未来研究方向

尽管本书通过实验方法检验附注结构、投资者的报表项目熟悉度和投资者类型对投资者判断的影响，提供了一些对附注披露问题有帮助的见解。然而，出于各种原因，在研究过程中还存在一些不足和局限。我们认为试图解决这些不足和局限也可能带来一些未来的研究方向。

7.2.1 研究局限性

1. 未考虑收益信息的披露

本书的研究背景是在附注中披露不利信息，即披露金融资产向下的公允价值变动及带来的公允价值变动损失和存货发生减值带来的资产减值损失。前景理论表明个体在进行决策时是趋于损失规避的，对损失信息比对收益信息更敏感（Kahneman and Tversky，1979，1984；Tversky and Kahneman，1986，1992），因此在按照报表项目分散披露的附注结构中看到价值下降带来的损失时，无论报表项目熟悉程度如何，长期投资者和短期投资者感知的投资风险都比较大，而且没有显著差异。此外，让被试通过集中披露的附注结构看到带来损失的资产期初、期末余额变化较大，即资产的波动性较大，以此推断损失的不确定性较大，进而没有那么悲观地判断损失信息，降低对公司投资风险的感知，这个推论过程对于个体投资者的被试来说比较间接，没有收益信息容易理解，可能会带来一定的困惑。而且，在现实中企业有损失项目也有收益项目，尽管出于实验设计的需要我们采用损失信息为背景，并且也验证了本书要研究的问题，但以后的研究还可以检验披露公允价值变动收益等有利信息的附注结构对投资者判断的影响。

2. 仅涉及附注中两类项目的披露

在实际的财务报告披露中，报表附注是对资产负债表、利润表和现金流量表内每一个项目的详细说明以及对无法在表内确认事项的补充披露，内容繁多，信息量大，长达几十页甚至上百页。出于实验效果和被试参与时间的考虑，在实验材料中我们向被试提供简化的报表附注注释，除了我们操控的存货和金融资产相关项目，其他报表项目都使用文字描述简单介绍，这远远少于信息使用者实际看到的报表附注提供的信息，也许导致投资者利用不足的信息作出不理想的投资判断。但我们认为，如果采用实际的报表附注，本书研究的附注结构（集中披露或者分散披露）的作用更加明显。尽管也有可能出现的结果是，内容太多、信息量过大，投资者不会关注附注结构。这些都有待进一步研究。此外，本书操控的熟悉报表项目为存货，不熟悉的报表项目为金融资产，二者除了在熟悉程度上有差异，可能还存在其他差异也会影响投资者判断的不同。但书中的操控性检验和对项目熟悉度的检验分析表明，我们对报表项目熟悉度的操控是成功的，并且没有对投资者判断产生显著差异的影响，没有影响本书的研究结论。

3. 仅从投资期限的角度分析投资者的判断与决策行为

本书依据不同的投资期限，从长期和短期投资者的角度检验了附注结构和投资者的报表项目熟悉度如何共同影响投资者的投资判断，为准则制定者提供了不同类型投资者对附注改进如何作出反应的实验证据。但投资者按照不同标准还可以分成其他类型，比如按照持有头寸的不同可以分为空头和多头投资者，按照投资者当前是否持有股票可以分为潜在投资者和当前投资者，按照经验丰富程度可以分为富有经验的投资者和缺乏经验的投资者，按照投资者身份是否为自然人分为个体投资者和机构投资者等。不同类型的投资者对信息披露形式的反应是有差异的，研究他们之间的差异也是很有意义的。

另外，本研究只探讨了附注披露规定的修订对投资者的投资判断的影响，没有考虑公司管理层、报表编制者面临分散披露的附注结构和改进后集中披露的附注结构，将会如何作出披露选择；也没有考虑改进的附注结构对信息中介，比如分析师、审计师的影响。

7.2.2 未来研究方向

虽然我们的研究存在上述的局限性，但这也为我们进一步展开研究提供了路径。未来可以从以下几个方面展开研究：

1. 披露收益信息的附注结构对投资者判断的影响

在实验研究中，由于各种限制和成本的考虑，往往以单方面信息为背景（Tan et al.，2014；Libby and Rennekamp，2012）。本书在实验材料中也仅采用价值变动下降为背景信息来研究附注结构对投资者判断的影响。将来的研究可以采用价值变动上升带来收益为背景，探索长短期投资者对不同报表项目以不同的附注结构披露的反应。在按照报表项目分散披露的附注结构下，长短期投资者如何看待资产负债表中的资产项目和利润表中的价值变动带来的收益项目，是否会发生盈余锁定行为。如果将这些报表项目在附注中集中披露，那么长短期投资者是否会注意到带来收益增加的资产具有较大的波动性，能否感知到收益的不稳定性，进而降低对公司的乐观判断。进一步地，将集中披露的收益相关信息放在重要位置，长短期投资者又将如何作出投资判断，这些都需要进一步的检验。

2. 考虑其他报表项目的披露对投资者判断的影响

为了简化实验设计，本研究只操控了存货代表熟悉的报表项目，金融资产代表不熟悉的报表项目，其他报表项目在附注中简单描述并在不同实验组中保持不变。未来的研究可以选取报表中的其他项目代替项目的不同熟悉程度，也可以在实验中操控多个报表项目代表不同熟悉程度的项目，检验项目熟悉度对投资者判断的影响。另外，未来的研究可以在本书实验设计的基础上，将存货或者金融资产相关项目集中披露的同时，报表中其他相关项目也进行集中披露，检验投资者对不同附注结构的反应。

3. 关注附注改进对不同类型投资者判断的影响

之前有研究表明个体投资者和机构投资者在获取信息、加工信息和吸收信息的方式上存在差异。本书只检验了个体投资者对附注结构改进的反应，没有考虑机构投资者，未来可以检验附注结构、投资者的报表项目熟悉度对机构投资者判断的影响。另外，也可以根据个体投资者投资目的的不同，检验附注结构对多头和空头投资者的投资判断有何影响；还可以检验当前没有持股的潜在投资者和已经持股的当前投资者如何看待报表附注结构的改进，以及在此基础上如何作出投资判断。

4. 探讨附注改进对其他利益相关者的影响

国际会计准则理事会（IASB）就附注披露改革向全球征求意见，旨在向报表编制者和投资者、分析师等会计信息使用者更清楚地了解当前附注存在的问题，以及相应的改进办法。本书仅研究了投资者对修订的附注结构的反应，未来的研究可以从编制者的角度探索公司管理层在面对这些附注结构时将会如何选择披露公司的附注信息，比如行业特征、公司特征和管理层自身的特征、动机是否会影响附注结构的选择。此外，面对公司灵活的附注信息披露结构，分析师和审计师将会作出怎样的反应，都可以成为未来研究的主题。

5. 新信息技术对附注改进的影响

　　财务报表附注是采用简单易懂的文字、数字语言对报表里所列项目进行深层次的解释与说明，或者补充一些表内无法列示的信息，以此促使财务报表使用者更好地理解信息，增强财务报表的可理解性和有用性。改进后的附注结构试图使用符号、图形、表格等多种形式传递企业相关信息，增加报表附注的使用价值，进而提高会计信息的决策相关性和有用性。这与新信息技术对信息披露的影响不谋而合。新信息技术，尤其是智能技术，如可视化等，将数据转换成易于理解、易于呈现的图形和图表，对于用户理解数据以及数据分析结果非常重要。数据可视化将不可见信息转换为可见的图像图形符号，并从中发现线索、规律，以及获取知识，这将极大地促进改进后的新报表附注结构在企业的实施、落地。数据可视化的方法有很多，比如区域空间可视化、颜色可视化、图形可视化、面积及尺寸可视化和抽象概念可视化等，这些方法如何应用到报表附注披露中，如何恰当地、有针对性地反映附注中披露的不同信息，使改进的附注披露结构实现改进的初衷，更有利于使用者尤其投资者决策，也将是未来可研究的课题。

参 考 文 献

[1] 陈磊,葛永波.社会资本与农村家庭金融资产选择:基于金融排斥视角 [M].北京:人民出版社,2019.

[2] 陈秋秋.金融工具会计准则制定研究——基于 IASC/IASB 的若干经验 [M].上海:复旦大学出版社,2009.

[3] 胡凤培,葛列众,徐伟丹.项目突显方式对视觉搜索策略的影响 [J].心理学报,2005 (37):314-319.

[4] 李增福,黎惠玲,连玉君.公允价值变动列报的市场反应——来自中国上市公司的经验证据 [J].会计研究,2013 (10):13-19.

[5] 莫雷,温忠麟,陈彩琦.心理学研究方法 [M].广州:广东高等教育出版社,2007.

[6] 聂兴凯.新会计准则下金融工具的会计处理 [M].上海:立信会计出版社,2007.

[7] 索尔索,麦克林.实验心理学(第8版)[M].张学民等译.北京:中国人民大学出版社,2009.

[8] 王立彦,刘军霞.上市公司境内外会计信息披露规则的执行偏差——来自 A-H 股公司双重财务报告差异的证据 [J].经济研究,2003 (11):71-78.

[9] 威廉·R.斯科特.财务会计理论 [M].陈汉文等译,北京:机械工程出版社,2006.

[10] 温忠麟,侯杰泰,张雷.调节效应与中介效应的比较和应用 [J].心理学报,2005,37 (2):268-274.

[11] 温忠麟,张雷,侯杰泰,等.中介效应检验程序及其应用 [J].心理学报,2004,36 (5):614-620.

[12] 温忠麟,叶宝娟.中介效应分析:方法和模型发展 [J].心

理科学进展，2014，22（5）：731－745.

[13] 徐经长，曾雪云. 综合收益呈报方式与公允价值信息含量——基于可供出售金融资产的研究 [J]. 会计研究，2013（1）：20－27.

[14] 张继勋. 会计和审计中的实验研究方法 [M]. 天津：南开大学出版社，2008.

[15] 张继勋，贺超，韩冬梅. 标准审计报告改进与投资者感知的审计人员责任——一项实验证据 [J]. 审计研究，2015（3）：56－63.

[16] 张继勋，韩冬梅. 标准审计报告改进与投资者感知的相关性、有用性及投资决策——一项实验证据 [J]. 审计研究，2014（3）：51－59.

[17] 张继勋，何亚南. 内部控制审计意见类型与个体投资者对无保留财务报表审计意见的信心——一项实验证据 [J]. 审计研究，2013（4）：93－100.

[18] 张继勋，何亚南. 资产减值的可转回性、管理层责任与管理层投资决策——一项实验证据 [J]. 南开管理评论，2014，17（4）：78－87.

[19] 张继勋，刘文欢. 行业现金分红压力、股价波动与现金分红决策 [J]. 现代财经：天津财经大学学报，2014（3）：65－74.

[20] 张继勋，刘文欢. 投资倾向、内部控制重大缺陷与投资者的投资判断——基于个体投资者的实验研究 [J]. 管理评论，2014，26（3）：19－30.

[21] 张继勋，张丽霞. 会计估计的准确性、行业共识信息与个体投资者的决策 [J]. 南开管理评论，2012，15（3）：101－109.

[22] 张继勋，周冉，孙鹏. 内部控制披露、审计意见、投资者的风险感知和投资决策：一项实验证据 [J]. 会计研究，2011（9）：66－73.

[23] 张丽霞，张继勋. IASB新提议的金融负债公允价值变动损益列报形式能够消除反直觉效应及投资判断偏误吗？——基于个体投资者的实验证据 [J]. 会计研究，2013（12）：3－10.

[24] 张明，张亚旭. 实验心理学 [M]. 北京：高等教育出版社，2010.

169

［25］中国会计准则委员会组织翻译．国际会计准则第 1 号——财务报表列报：汉、英 ［M］．北京：中国财政经济出版社，2012.

［26］中华人民共和国财政部．企业会计准则第 30 号——财务报表列报 ［M］．北京：经济科学出版社，2014.

［27］中华人民共和国财政部．企业会计准则第 37 号——金融工具列报 ［M］．北京：中国财政经济出版社，2015.

［28］中华人民共和国证券监督委员会．公开发行证券的公司信息披露内容与格式准则第 2 号——年度报告的内容与格式（2014 年修订）［S］．北京：证监会，2014.

［29］Aboody D. Recognition Versus Disclosure in the Oil and Gas Industry ［J］. Journal of Accounting Research，1996（34）：21 –32.

［30］Aboody D. , Barth E. M. , Kasznik R. Firms' Voluntary Recognition of Stock-Based Compensation Expense ［J］. Journal of Accounting Research，2004，42（2）：123 –150.

［31］Ackert L. F. , Church B. K. , Shehata M. An Experimental Examination of the Effects of Forecast Bias on Individuals' Use of Forecasted Information ［J］. Journal of Accounting Research，1997，35（1）：25 –42.

［32］Ahmed A. S. , Kilic E. , Lobo G. J. Does Recognition Versus Disclosure Matter? Evidence from Value-relevance of Banks' Recognized and Disclosed Derivative Financial Instruments ［J］. The Accounting Review，2006，81（3）：567 –588.

［33］Alba J. W. , Hutchinson J. W. Dimensions of Consumer Expertise ［J］. Journal of Consumer Research，1987，13（4）：411 –454.

［34］Allee K. D. , Bhattacharya N. , Black E. L. , et al. Pro Forma Disclosure and Investor Sophistication: External Validation of Experimental Evidence Using Archival Data ［J］. Accounting，Organizations and Society，2007，32（3）：201 –222.

［35］Alter A. L. , Oppenheimer D. M. Uniting the Tribes of Fluency to Form a Metacognitive Nation ［J］. Personality and Social Psychology Review，2009，13（3）：219 –235.

［36］Alter A. , Oppenheimer D. Effects of Fluency on Psychological Distance and Mental Construal（or Why New York is a Large City，but New

York is a Civilized Jungle) [J]. Psychological Science, 2008, 19 (2): 161 – 167.

[37] Asare S. K., Wright A. M. The Effect of Change in the Reporting Threshold and Type of Control Deficiency on Equity Analysts' Evaluation of the Reliability of Future Financial Statements [J]. Auditing: A Journal of Practice & Theory, 2012, 31 (2): 1 – 17.

[38] Atkinson R. C., Juola J. F. Factors Influencing Speed and Accuracy of Word Recognition [J]. Attention and Performance IV, 1973: 583 – 612.

[39] Attig N., Cleary S., El Ghoul S., et al. Institutional Investment Horizon and Investment-cash Flow Sensitivity [J]. Journal of Banking & Finance, 2012, 36 (4): 1164 – 1180.

[40] Baddeley A. Working Memory [J]. Science, 1992, 255 (5044): 556 – 559.

[41] Baird I. S., Thomas H. Toward a Contingency Model of Strategic Risk Taking [J]. Academy of Management Review, 1985, 10 (2): 230 – 243.

[42] Baldwin B. A. Segment Earnings Disclosure and the Ability of Security Analysts to Forecast Earnings Per Share [J]. Accounting Review, 1984, 59 (3): 376 – 389.

[43] Banerjee A. V. A Simple Model of Herd Behavior [J]. The Quarterly Journal of Economics, 1992 (107): 797 – 817.

[44] Barber B. M., Odean T. All that Glitters: The Effect of Attention and News on the Buying Behavior of Individual and Institutional Investors [J]. Review of Financial Studies, 2008, 21 (2): 785 – 818.

[45] Barberis N., Thaler R. A Survey of Behavioral Finance [J]. Handbook of the Economics of Finance, 2003, (1): 1053 – 1128.

[46] Baron R. M, Kenny D. A. The Moderator-Mediator Variable Distinction in Social Psychological Research: Conceptual, Strategic, and Statistical Considerations [J]. Journal of Personality and Social Psychology, 1986, 51 (6): 1173 – 1182.

[47] Baron J. Thinking and Deciding (Second Ed.) [M]. London:

Cambridge University Press, 1994.

[48] Barth M. E. , Beaver W. H. , Landsman W. R. The Relevance of the Value Relevance Literature for Financial Accounting Standard Setting: Another View [J]. Journal of Accounting and Economics, 2001, 31 (1): 77 – 104.

[49] Barth M. E. , Beaver W. H. , Landsman W. R. Value-relevance of Banks' Fair Value Disclosures under SFAS No. 107 (Digest Summary) [J]. Accounting Review, 1996, 71 (4): 513 – 537.

[50] Bartov E. , Radhakrishnan S. , Krinsky I. Investor Sophistication and Patterns in Stock Returns after Earnings Announcements [J]. The Accounting Review, 2000, 75 (1): 43 – 63.

[51] Baz J. , Briys E. , Bronnenberg B. J. , et al. Risk Perception in the Short Run and in the Long Run [J]. Marketing Letters, 1999, 10 (3): 267 – 283.

[52] Beattie V. , Goodacre A. , Thomson S. Recognition Versus Disclosure: An Investigation of the Impact on Equity Risk Using UK Operating Lease Disclosures [J]. Journal of Business Finance and Accounting, 2000, 27 (9): 1185 – 1224.

[53] Belkaoui A. The Impact of Socio-economic Accounting Statements on the Investment Decision: An Empirical Study [J]. Accounting, Organizations and Society, 1980, 5 (3): 263 – 283.

[54] Benartzi S. , Thaler S. Myopic Loss Aversion and the Equity Risk Premium [J]. Quarterly Journal of Economics, 1995, 110 (1) .

[55] Bendapudi N. , Singh S. N. , Bendapudi V. Enhancing Helping Behavior: An Integrative Framework for Promotion Planning [J]. The Journal of Marketing, 1996, 60 (3): 33 – 49.

[56] Beresford D. R. , Johnson L. T. Interactions between the FASB and the Academic Community [J]. Accounting Horizons, 1995, 9 (4): 108 – 117.

[57] Berger P. G. , Hann R. The Impact of SFAS No. 131 on Information and Monitoring [J]. Journal of Accounting Research, 2003, 41 (2): 163 – 223.

［58］ Bernard V. , Schipper K. Recognition and Disclosure in Financial Reporting ［J］. Unpublished Paper, University of Michigan, 1994.

［59］ Bertin J. The Semiology of Graphics ［M］. Madison Wisconsin: University Wisconsin Press, 1983.

［60］ Bettman J. R. , Sujan M. Effects of Framing on Evaluation of Comparable and Noncomparable Alternatives by Expert and Novice Consumers ［J］. Journal of Consumer Research, 1987, 14 (2): 141 - 154.

［61］ Bettman J. R. Perceived Risk and its Components: A Model and Empirical Test ［J］. Journal of Marketing Research, 1973, 5 (10): 184 - 190.

［62］ Bloomfield R. , Hodge F. , Hopkins P. , et al. Does Coordinated Presentation Help Credit Analysts Identify Firm Characteristics? ［J］. Contemporary Accounting Research, 2015, 32 (2): 507 - 527.

［63］ Bloomfield R. , Libby R. , Nelson M. W. Communication of Confidence as a Determinant of Group Judgment Accuracy ［J］. Organizational Behavior and Human Decision Processes, 1996, 68 (3): 287 - 300.

［64］ Bogle J. The Ownership of Corporate America-Rights and Responsibilities ［C］. Remarks by John C. Bogle, 20th Anniversary Meeting of the Council of Institutional Investors, 2005.

［65］ Bonner S. E. Judgment and Decision Making in Accounting ［M］. Englewood Cliffs, New Jersey : Prentice Hall, 2008.

［66］ Bonner S. E. Judgment and Decision-making Research in Accounting ［J］. Accounting Horizons, 1999, 13 (4): 385 - 398.

［67］ Bonner S. E. , Clor-Proell S. M. , Koonce L. Mental Accounting and Disaggregation Based on the Sign and Relative Magnitude of Income Statement Items ［J］. The Accounting Review, 2014, 89 (6): 2087 - 2114.

［68］ Bonner S. E. , Walther B. R. , Young S. M. Sophistication-related Differences in Investors' Models of the Relative Accuracy of Analysts' Forecast Revisions ［J］. The Accounting Review, 2003, 78 (3): 679 - 706.

［69］ Bornstein R. F. , D'Agostino P. R. The Attribution and Discounting of Perceptual Fluency: Preliminary Tests of a Perceptual Fluency/Attributional Model of the Mere Exposure Effect ［J］. Social Cognition, 1994, 12

（2）：103 – 128.

［70］ Bornstein R. F. Exposure and affect: Overview and Meta-analysis of Research, 1968 – 1987 ［J］. Psychological Bulletin, 1989, 106 （2）, 265 – 289.

［71］ Bouwman M. J. Expert vs Novice Decision Making in Accounting: A Summary ［J］. Accounting, Organizations and Society, 1984, 9 （3）: 325 – 327.

［72］ Bowen R. M. , Davis A. K. , Matsumoto D. A. Emphasis on Pro Forma Versus GAAP Earnings in Quarterly Press Releases: Determinants, SEC Intervention, and Market Reactions ［J］. The Accounting Review, 2005, 80 （4）: 1011 – 1038.

［73］ Bowman E. H. A Risk/Return Paradox for Strategic Management ［J］. Working Paper, 1980: 1107 – 1180.

［74］ Brachinger H. W. , Weber M. Risk as a Primitive: A Survey of Measures of Perceived Risk ［J］. Operations-Research-Spektrum, 1997, 19 （4）: 235 – 250.

［75］ Bradshaw M. T. , Sloan R. G. GAAP Versus the Street: An Empirical Assessment of Two Alternative Definitions of Earnings ［J］. Journal of Accounting Research, 2002, 40 （1）: 41 – 66.

［76］ Bratten B. , Choudhary P. , Schipper K. Evidence that Market Participants Assess Recognized and Disclosed Items Similarly when Reliability is not an Issue ［J］. Accounting Review, 2013, 88 （4）: 1179 – 1210.

［77］ Bushee B. J. Do Institutional Investors Prefer Near-Term Earnings over Long-Run Value? ［J］. Contemporary Accounting Research, 2001, 18 （2）: 207 – 246.

［78］ Bushee B. J. The Influence of Institutional Investors on Myopic R&D Investment Behavior ［J］. The Accounting Review, 1998 （73）: 305 – 333.

［79］ Cantor N. , Mischel W. Prototypes in Person Perception ［J］. Advances in Experimental Social Psychology, 1979 （12）: 3 – 52.

［80］ Carroll C. E. The Role of the News Media in Corporate Reputation Management ［J］. Corporate Reputation-Managing Opportunities and Threats,

Burlington, Vermont: Ashgate Publishing, 2011: 217 – 245.

[81] Carswell C. M. , Wickens C. D. Mixing and Matching Lower-level Codes for Object Displays: Evidence for two Sources of Proximity Compatibility [J]. Human Factors, 1996, 38 (1): 1 – 22.

[82] Chambers D. , Linsmeier T. J. , Shakespeare C. , al. An Evaluation of SFAS No. 130 Comprehensive Income Disclosures [J]. Review of Accounting Studies, 2007, 12 (4): 557 – 593.

[83] Chen S. , Matsumoto D. , Rajgopal S. Is Silence Golden? An Empirical Analysis of Firms that Stop Giving Quarterly Earnings Guidance [J]. Journal of Accounting and Economics, 2011, 51 (1): 134 – 150.

[84] Chen W. , Tan H. T. Judgment Effects of Familiarity with an Analyst's Name [J]. Accounting, Organizations and Society, 2013, 38 (3): 214 – 227.

[85] Chew S. H. , Ebstein R. P. , Zhong S. Ambiguity Aversion and Familiarity Bias: Evidence from Behavioral and Gene Association Studies [J]. Journal of Risk and Uncertainty, 2012, 44 (1): 1 – 18.

[86] Christensen B. E. , Glover S. M. , Wolfe C. J. Do Critical Audit Matter Paragraphs in the Audit Report Change Nonprofessional Investors' Decision to Invest? [J]. Auditing: A Journal of Practice & Theory, 2014, 33 (4): 71 – 93.

[87] Cianci A. M. , Falsetta D. Impact of Investors' Status on their Evaluation of Positive and Negative, and Past and Future Information [J]. Accounting & Finance, 2008, 48 (5): 719 – 739.

[88] Clarke V. A. , Lovegrove H. , Williams A. , et al. Unrealistic Optimism and the Health Belief Model [J]. Journal of Behavioral Medicine, 2000, 23 (4): 367 – 376.

[89] Clements C. E. , Wolfe C. J. Reporting Financial Results with the Video Medium: An Experimental Analysis [J]. Journal of Information Systems, 2000, 14 (2): 79 – 94.

[90] Clor-Proell S. M. , Proell C. A. , Warfield T. D. The Effects of Presentation Salience and Measurement Subjectivity on Nonprofessional Investors' Fair Value Judgments [J]. Contemporary Accounting Research,

2014, 31（1）: 45 – 66.

［91］Clor-Proell S. M., Koonce L., White B. J. How Do Financial Statement Users Evaluate Hybrid Financial Instruments? ［J］. Available at SSRN 2552779, 2015.

［92］Collins D. W, Simonds R. R. SEC Line-of-business Disclosure and Market Risk Adjustments ［J］. Journal of Accounting Research, 1979, 17（2）: 352 – 383.

［93］Collins D. W. Predicting Earnings with Sub-entity Data: Some Further Evidence ［J］. Journal of Accounting Research, 1976, 14（1）: 163 – 177.

［94］Conklin J. Hypertext: An Introduction and Survey ［J］. Computer, 1987, 20（9）: 17 – 41.

［95］Da Costa N., Goulart M., Cupertino C., et al. The Disposition Effect and Investor Experience ［J］. Journal of Banking & Finance, 2013, 37（5）: 1669 – 1675.

［96］Davis-Friday P. Y., Folami L. B., Liu C. S., et al. The Value Relevance of Financial Statement Recognition vs. Disclosure: Evidence from SFAS No. 106 ［J］. The Accounting Review, 1999, 74（4）: 403 – 423.

［97］Davis-Friday P. Y., Liu C., Mittelstaedt H. Recognition and Disclosure Reliability: Evidence from SFAS No. 106 ［J］. Contemporary Accounting Research, 2004, 21（2）, 399 – 429.

［98］De Franco G., Kothari S. P., Verdi R. S. The Benefits of Financial Statement Comparability ［J］. Journal of Accounting Research, 2011, 49（4）: 895 – 931.

［99］Demski J. S. The General Impossibility of Normative Accounting Standards ［J］. Accounting Review, 1973, 48（4）: 718 – 723.

［100］Dhaliwal D. S. Measurement of Financial Leverage in the Presence of Unfunded Pension Obligations ［J］. Accounting Review, 1986,（61）: 651 – 661.

［101］Dhaliwal D. S., Radhakrishnan S., Tsang A., et al. Nonfinancial Disclosure and Analyst Forecast Accuracy: International Evidence on Corporate Social Responsibility Disclosure ［J］. The Accounting Review, 2012,

87 (3): 723 –759.

[102] Dienes Z. , Scott R. B. , Wan L. L. , et al. The Role of Familiarity in Implicit Learning [J]. Constructions of Remembering and Metacognition: Essays in Honour of Bruce Whittlesea, 2011: 51 –62.

[103] Du N. , Shelley M. K. Exploring Ambiguity and Familiarity Effects in The "Earnings Game" Between Managers and Investors [J]. Journal of Behavioral Finance, 2014, 15 (1): 70 –77.

[104] Dunegan K. J. , Duchon D. , Barton S. L. Affect, Risk, and Decision Criticality: Replication and Extension in a Business Setting [J]. Organizational Behavior and Human Decision Processes, 1992, 53 (3): 335 – 351.

[105] Eccher E. A. , Ramesh K. , Thiagarajan S. R. Fair Value Disclosures by Bank Holding Companies [J]. Journal of Accounting and Economics, 1996, 22 (1): 79 –117.

[106] Ehrenberg A. S. C. Rudiments of numeracy [J]. Journal of the Royal Statistical Society. Series A (General), 1977, 140 (3): 277 –297.

[107] Elliott W. B. Are Investors Influenced by Pro Forma Emphasis and Reconciliations in Earnings Announcements? [J]. The Accounting Review, 2006, 81 (1): 113 –133.

[108] Elliott W. B. , Grant S. M. , Rennekamp K. M. How Disclosure Features of Corporate Social Responsibility Reports Interact with Investor Numeracy to Influence Investor Judgments [J]. Available at SSRN, 2015 (a).

[109] Elliott W. B. , Hobson J. L. , Jackson K. E. Disaggregating Management Forecasts to Reduce Investors' Susceptibility to Earnings Fixation [J]. The Accounting Review, 2011, 86 (1): 185 –208.

[110] Elliott W. B. , Hobson J. L. , White B. J. Earnings Metrics, Information Processing, and Price Efficiency in Laboratory Markets [J]. Journal of Accounting Research, 2015 (b), 53 (3): 555 –592.

[111] Elliott W. B. , Hodge F. D. , Kennedy J. J. , et al. Are MBA Students a Good Proxy for Nonprofessional Investors? [J]. The Accounting Review, 2007, 82 (1): 139 –168.

[112] Elliott W. B. , Krische S. D. , Peecher M. E. Expected mispric-

ing: The Joint Influence of Accounting Transparency and Investor Base [J]. Journal of Accounting Research, 2010, 48 (2): 343 –381.

[113] Elliott W. B. , Rennekamp K. M. , White B. J. Does Concrete Language in Disclosures Increase Willingness to Invest? [J]. Review of Accounting Studies, 2015 (c), 20 (2): 839 –865.

[114] Emett S. A. , Nelson M. W. Reporting Accounting Changes and Their Multi-Period Effects [J]. Working Paper, 2014.

[115] Espahbodi H. , Espahbodi P. , Rezaee Z. , et al. Stock Price Reaction and Value Relevance of Recognition Versus Disclosure: The Case of Stock-Based Compensation [J]. Journal of Accounting and Economics, 2002, 33 (3): 343 –373.

[116] Ettredge M. L. , Kwon S. Y. , Smith D B, et al. The Impact of SFAS No. 131 Business Segment Data on the Market's Ability to anticipate future earnings [J]. The Accounting Review, 2005, 80 (3): 773 –804.

[117] Evans J. Insight and Self-insight in Reasoning and Decision Making [J]. The Shape of Reason: Essays in Honour of Paolo Legrenzi, 2005: 27 –48.

[118] Eyal T. , Liberman N. , Trope Y. , et al. The Pros and Cons of Temporally Near and Distant Action [J]. Journal of Personality and Social Psychology, 2004, 86 (6): 781 –795.

[119] Fama E. F. Efficient capital markets: A Review of Theory and Empirical Work [J]. The Journal of Finance, 1970, 25 (2): 383 –417.

[120] Fanning K. , Agoglia C. P, Piercey M. D. Unintended Consequences of Lowering Disclosure Thresholds [J]. The Accounting Review, 2015, 90 (1): 301 –320.

[121] Farrelly G. E. , Ferris K. R. , Reichenstein W. R. Perceived Risk, Market Risk, and Accounting Determined Risk Measures [J]. Accounting Review, 1985, 60 (2): 278 –288.

[122] Fazio R. H. , Powell M. C. , Williams C. J. The Role of Attitude Accessibility in the Attitude-to-Behavior Process [J]. Journal of Consumer Research, 1989, 16 (3): 280 –288.

[123] Festinger L. A Theory of Cognitive Dissonance [M]. Stanford,

CA: Stanford University Press, 1957.

[124] Festinger L. Conflict, Decision, and Dissonance [M]. Stanford, CA: Stanford University, 1964.

[125] Financial Accounting Standards Board (FASB). Conceptual Framework for Financial Reporting ——Chapter 8: Notes to Financial Statements [S]. Norwalk, CT: FASB, 2014.

[126] Financial Accounting Standards Board (FASB). Exposure Draft on Disclosure Framework [S]. Norwalk, CT: FASB, 2012.

[127] Financial Accounting Standards Board (FASB). Financial Statement Presentation—Joint Project of the FASB and IASB [S]. Norwalk, CT: FASB, 2011.

[128] Financial Accounting Standards Board (FASB). Staff Draft of an Exposure Draft on Financial Statement Presentation [S]. Norwalk, CT: FASB, 2010.

[129] Finucane M. L., Slovic P., Mertz C. K., et al. Gender, Race, and Perceived Risk: The 'white male' Effect [J]. Health, Risk & Society, 2000, 2 (2): 159 – 172.

[130] Fiske S. T., Taylor S. E. Social Cognition, 2nd [J]. NY: McGraw-Hill, 1991: 16 – 15.

[131] Fiske S. T.. Social Cognition [J]. In: Tesser, A. (Ed.), Advanced Social Psychology. McGraw-Hill, New York, 1995: 149 – 194.

[132] Flynn J., Slovic P., Mertz C. K. Gender, Race, and Perception of Environmental Health Risks [J]. Risk analysis, 1994, 14 (6): 1101 – 1108.

[133] Frederickson J. R., Hodge F. D., Pratt J. H. The Evolution of Stock Option Accounting: Disclosure, Voluntary Recognition, Mandated Recognition, and Management Disavowals [J]. The Accounting Review, 2006, 81 (5): 1073 – 1093.

[134] Frederickson J. R., Miller J. S. The Effects of Pro Forma Earnings Disclosures on Analysts' and Nonprofessional Investors' Equity Valuation Judgments [J]. The Accounting Review, 2004, 79 (3): 667 – 686.

[135] Fromme K., Katz E. C., Rivet K. Outcome Expectancies and

Risk-taking Behavior ［J］. Cognitive Therapy and Research, 1997, 21 (4): 421 –442.

［136］ Garner W. R. , Felfoldy G. L. Integrality of Stimulus Dimensions in Various Types of Information Processing ［J］. Cognitive Psychology, 1970, 1 (3): 225 –241.

［137］ Ghani E. , Laswad F. , Tooley S. , et al. The Role of Presentation Format on Decision-makers' Behaviour in Accounting ［J］. International Business Research, 2009, 2 (1): 183 – 195.

［138］ Gibbins M. , Swieringa R. J. Twenty Years of Judgment Research in Accounting and Auditing ［J］. In Judgment and Decision-Making Research in Accounting and Auditing, Ashton, R. H. and Ashton, A. H. (Eds.) New York: Cambridge, 1995: 231 –249.

［139］ Gigerenzer G. Fast and Frugal Heuristics: The Tools of Bounded Rationality ［J］. Blackwell Handbook of Judgment and Decision Making, 2004: 62 –88.

［140］ Gilovich T. , Kerr M. , Medvec V. H. Effect of Temporal Perspective on Subjective Confidence ［J］. Journal of Personality and Social Psychology, 1993, 64 (4): 552 –560.

［141］ Giora R. On our Mind: Salience, Context, and Figurative Language ［M］. Oxford: Oxford University, 2003.

［142］ Glaser R. Instructional psychology: Past, Present, and Future ［J］. American Psychologist, 1982, 37 (3): 292 –305.

［143］ Gonedes N. J. , Dopuch N. Capital Market Equilibrium, Information Production, and Selecting Accounting Techniques: Theoretical Framework and Review of Empirical Work ［J］. Journal of Accounting Research, 1974 (12): 48 –129.

［144］ Graham D. J. , Jeffery R. W. Location, Location, Location: Eye-Tracking Evidence that Consumers Preferentially View Prominently Positioned Nutrition Information ［J］. Journal of the American Dietetic Association, 2011, 111 (11): 1704 –1711.

［145］ Graham J. R. , Harvey C. R. , Rajgopal S. The Economic Implications of Corporate Financial Reporting ［J］. Journal of Accounting and Economics, 2005, 40 (1): 3 –73.

[146] Grant S. J. , Xie Y. Hedging your Bets and Assessing the Outcome [J]. Journal of Marketing Research, 2007, 44 (3): 516 –524.

[147] Hales J. Directional Preferences, Information Processing, and Investors' Forecasts of Earnings [J]. Journal of Accounting Research, 2007, 45 (3): 607 –628.

[148] Hales J. , Kuang X. J. , Venkataraman S. Who Believes the Hype? An Experimental Examination of How Language Affects Investor Judgments [J]. Journal of Accounting Research, 2011, 49 (1): 223 –255.

[149] Hales J. W. , Venkataraman S. , Wilks T. J. Accounting for Lease Renewal Options: The Informational Effects of Unit of Account Choices [J]. The Accounting Review, 2012, 87 (1): 173 –197.

[150] Hamm R M, Bard D E, Scheid D C. Influence of Numeracy Upon Patient's Prostate Cancer Screening Outcome Probability Judgments [C] //annual meeting of the Society for Judgment and Decision Making, Vancouver, British Columbia, Canada, 2003.

[151] Han J. , Tan H. T. Investors' Reactions to Management Earnings Guidance: The Joint Effect of Investment Position, News Valence, and Guidance Form [J]. Journal of Accounting Research, 2010, 48 (1): 123 – 146.

[152] Hand J. R. M. A Test of the Extended Functional Fixation Hypothesis [J]. Accounting Review, 1990 (10): 740 –763.

[153] Harper R. M. , Mister W. G. , Strawser J. R. The Effect of Recognition Versus Disclosure of Unfunded Postretirement Benefits on Lenders' Perceptions of Debt [J]. Accounting Horizons, 1991, 5 (3): 50 –57.

[154] Harper R. M. , Mister W. G. , Strawser J. R. The Impact of New pension Disclosure Rules on Perceptions of Debt [J]. Journal of Accounting Research, 1987, 25 (2): 327 –330.

[155] Harris L. L. , Hobson J. L, Jackson K. E. The Effect of Investor Status on Investors' Susceptibility to Earnings Fixation [J]. Available at SSRN 2207173, 2014.

[156] Hasher L. , Zacks R. T. Automatic and Effortful Processes in

Memory [J]. Journal of Experimental Psychology: General, 1979, 108 (3): 356 – 388.

[157] Hirshleifer D., Subrahmanyam A., Titman S. Security Analysis and Trading Patterns when some Investors Receive Information before Others [J]. Journal of Finance, 1994 (49): 1665 – 1698.

[158] Hirshleifer D., Teoh S. H. Limited Attention, Financial Reporting and Disclosure [J]. Journal of Accounting and Economics, 2003, 36 (1 – 3): 337 – 386.

[159] Hirst D. E., Hopkins P. E., Wahlen J. M. Fair Values, Income Measurement, and Bank Analysts' Risk and Valuation Judgments [J]. The Accounting Review, 2004, 79 (2): 453 – 472.

[160] Hirst D. E., Hopkins P. E. Comprehensive Income Reporting and Analysts' Valuation Judgments [J]. Journal of Accounting Research, 1998, 36 (3): 47 – 75.

[161] Hirst D. E., Jackson K. E., Koonce L. Improving Financial Reports by Revealing the Accuracy of Prior Estimates [J]. Contemporary Accounting Research, 2003, 20 (1): 165 – 193.

[162] Hirst D. E., Koonce L., Miller J. The Joint Effect of Management's Prior Forecast Accuracy and the Form of its Financial Forecasts on Investor Judgment [J]. Journal of Accounting Research, 1999 (37): 101 – 124.

[163] Hirst D. E., Koonce L., Venkataraman S. How Disaggregation Enhances the Credibility of Management Earnings Forecasts [J]. Journal of Accounting Research, 2007, 45 (4): 811 – 837.

[164] Hodge F. D., Hopkins P. E., Pratt J. Management Reporting Incentives and Classification Credibility: The Effects of Reporting Discretion and Reputation [J]. Accounting, Organizations and Society, 2006, 31 (7): 623 – 634.

[165] Hodge F. D., Hopkins P. E., Wood D. A. The Effects of Financial Statement Information Proximity and Feedback on Cash Flow Forecasts [J]. Contemporary Accounting Research, 2010, 27 (1): 101 – 133.

[166] Hodge F. D., Kennedy J. J., Maines L. A. Does Search-facili-

tating Technology Improve the Transparency of Financial Reporting? [J]. The Accounting Review, 2004, 79 (3): 687 –703.

[167] Hodge F. D. , Pronk M. The Impact of Expertise and Investment Familiarity on Investors' Use of Online Financial Report Information [J]. Journal of Accounting, Auditing & Finance, 2006, 21 (3): 267 –292.

[168] Hogarth R. Judgment and Choice [M]. Chichester, UK: John Wiley & Sons, 1980.

[169] Hogarth R. M. Accounting for Decisions and Decisions for Accounting [J]. Accounting, Organizations and Society, 1993, 18 (5): 407 –424.

[170] Holden S. J. S. , Vanhuele M. Know the Name, Forget the Exposure: Brand Familiarity Versus Memory of Exposure Context [J]. Psychology and Marketing, 1999, 16 (6): 479 –496.

[171] Holtgrave D. R. , Weber E. U. Dimensions of Risk Perception for Financial and Health Risks [J]. Risk Analysis, 1993, 13 (5): 553 – 558.

[172] Holthausen R. W. , Watts R. L. The Relevance of the Value-relevance Literature for Financial Accounting Standard Setting [J]. Journal of Accounting and Economics, 2001, 31 (1): 3 –75.

[173] Hopkins P. E. The Effect of Financial Statement Classification of Hybrid Financial Instruments on Financial Analysts' Stock Price Judgments [J]. Journal of Accounting Research, 1996 (34): 33 –50.

[174] Hopkins P. E, Houston R. W. , Peters M. F. Purchase, Pooling, and Equity Analysts' Valuation Judgments [J]. The Accounting Review, 2000, 75 (3): 257 –281.

[175] Houston J. F. , Lev B. , Tucker J. W. To Guide or not to Guide? Causes and Consequences of Stopping Quarterly Earnings Guidance [J]. Contemporary Accounting Research, 2010, 27 (1): 143 –185.

[176] Huang X. , Nekrasov A. , Teoh S. H. Headline Salience and Over-and Underreactions to Earnings [J]. Working Paper, California State University, University of California-Irvine, 2012.

[177] Huberman G. Familiarity breeds investment [J]. Review of Fi-

nancial Studies, 2001, 14 (3): 659 – 680.

[178] Hulme C., Roodenrys S., Schweickert R., et al. Word-frequency Effects on Short-term Memory Tasks: Evidence for a Redintegration Process in Immediate Serial Recall [J]. Journal of Experimental Psychology: Learning, Memory, and Cognition, 1997, 23 (5): 1217 – 1232.

[179] Ibrekk H., Morgan M. G. Graphical Communication of Uncertain Quantities to Nontechnical People [J]. Risk Analysis, 1987, 7 (4): 519 – 529.

[180] Imhoff E. A., Lipe R., Wright D. W. The Effects of Recognition Versus Disclosure on Shareholder Risk and Executive Compensation [J]. Journal of Accounting, Auditing & Finance, 1993, 8 (4): 335 – 368.

[181] International Accounting Standards Board (IASB). Conceptual Framework for Financial Reporting [R]. London, U. K. : IASB, 2009.

[182] International Accounting Standards Board (IASB). Disclosure Initiative (Proposed amendments to IAS 1) [S]. London, U. K. : IASB, 2014.

[183] International Accounting Standards Board (IASB). Presentation of Financial Statements. International Accounting Standard No. 1 [S]. London, U. K. : IASB, 2009.

[184] Jacoby L. L. A Process Dissociation Framework: Separating Automatic from Intentional Uses of Memory [J]. Journal of Memory and Language, 1991, 30 (5), 513 – 541.

[185] Jacoby L. L., Dallas M. On the Relationship between Autobiographical Memory and Perceptual Learning [J]. Journal of Experimental Psychology: General, 1981, 110 (3): 306 – 340.

[186] Jacoby L. L., Kelley C. M. Unconscious Influences of Memory: Dissociations and Automaticity [J]. In E. A. D. Milner, & E. M. D. Rugg (Eds.), The Neuropsychology of Consciousness. San Diego, CA: Academic Press, 1992: 201 – 233.

[187] Jacoby L. L., Toth J. P, Lindsay D. S., et al. Lectures for a Layperson: Methods for Revealing Unconscious Processes [M]. Perception without Awareness: Cognitive, Clinical and Social Perspectives. Ed. R. F.

Bornstein. and T. S. Pittman, New York: Guilford Press, 1992: 236 – 255.

[188] Jett Q. R. , George J. M. Work interrupted: A Closer Look at the Role of Interruptions in Organizational Life [J]. Academy of Management Review, 2003, 28 (3): 494 – 507.

[189] Jia J. , Dyer J. S. , Butler J. C. Measures of Perceived Risk [J]. Management Science, 1999, 45 (4): 519 – 532.

[190] Johnston W. A. , Dark, V. J. , Jacoby L. L. Perceptual Fluency and Recognition Judgments [J]. Journal of Experimental Psychology: Learning, Memory, and Cognition, 1985, 11 (1), 3 – 11.

[191] Jollineau S. J. , Tanlu L. J. , Winn A. Evaluating Proposed Remedies for Credit Rating Agency Failures [J]. The Accounting Review, 2014, 89 (4): 1399 – 1420.

[192] Kachelmeier S. J. , King R. R. Using Laboratory Experiments to Evaluate Accounting Policy Issues [J]. Accounting Horizons, 2002, 16 (3): 219 – 232.

[193] Kahneman D. Attention and Effort [M]. Englewood Cliffs, New Jersey : Prentice-Hall, 1973.

[194] Kahneman D. , Lovallo D. Timid Choices and Bold Forecasts: A Cognitive Perspective on Risk Taking [J]. Management Science, 1993, 39 (1): 17 – 31.

[195] Kahneman D. , Tversky A. Choices, Values, and Frames [J]. American Psychologist, 1984, 39 (4): 341 – 350.

[196] Kahneman D. , Tversky A. On the Psychology of Prediction [J]. Psychological Review, 1973, 80 (4): 237 – 251.

[197] Kahneman D. , Tversky A. Prospect Theory: An Analysis of Decision under Risk [J]. Econometrica: Journal of the Econometric Society, 1979, 47 (2): 263 – 291.

[198] Katz A. N. , Ferretti T. R. Moment-by-moment Reading of Proverbs in Literal and Nonliteral Contexts [J]. Metaphor and Symbol, 2001, 16 (3 – 4): 193 – 221.

[199] Kaufmann C. , Weber M. Sometimes Less is more ——The Influence of Information Aggregation on Investment Decisions [J]. Journal of

Economic Behavior and Organization, 2013, 95 (11): 20 – 33.

[200] Keil M., Wallace L., Turk D., et al. An Investigation of Risk Perception and Risk Propensity on the Decision to Continue a Software Development Project [J]. Journal of Systems and Software, 2000, 53 (2): 145 – 157.

[201] Keller L. R., Sarin R. K., Weber M. Empirical Investigation of some Properties of the Perceived Riskiness of Gambles [J]. Organizational Behavior and Human Decision Processes, 1986, 38 (1): 114 – 130.

[202] Kelton A. S., Pennington R. R., Tuttle B. M. The Effects of Information Presentation Format on Judgment and Decision Making: A Review of the Information Systems Research [J]. Journal of Information Systems, 2010, 24 (2): 79 – 105.

[203] Kerlinger F. N. Foundation of Behaviour Research: Educational, Psychological and Sociological Inquiry [J]. New York: Holt, Rinehart & Wiston, 1964.

[204] Kidd R. F. Manipulation checks: Advantage or Disadvantage? [J]. Representative Research in Social Psychology, 1976, 7 (2): 160 – 165.

[205] Kinney W. R. Predicting Earnings: Entity Versus Subentity Data [J]. Journal of Accounting Research, 1971, 9 (1): 127 – 136.

[206] Klos A., Weber E. U., Weber M. Investment Decisions and Time Horizon: Risk Perception and Risk Behavior in Repeated Gambles [J]. Management Science, 2005, 51 (12): 1777 – 1790.

[207] Koonce L., Lipe M. G. Earnings Trend and Performance Relative to Benchmarks: How Consistency Influences their Joint Use [J]. Journal of Accounting Research, 2010, 48 (4): 859 – 884.

[208] Koonce L., Williamson M. G., Winchel J. Consensus Information and Nonprofessional Investors' Reaction to the Revelation of Estimate Inaccuracies [J]. The Accounting Review, 2010, 85 (3): 979 – 1000.

[209] Koriat A., Levy-Sadot R. The Combined Contributions of the Cue-familiarity and Accessibility Heuristics to Feelings of Knowing [J]. Journal of Experimental Psychology: Learning, Memory, and Cognition,

2001, 27 (1): 34 – 53.

[210] Kothari S. P. Capital Markets Research in Accounting [J]. Journal of Accounting and Economics, 2001, 31 (1): 105 – 231.

[211] Kothari S. P. , Ramanna K. , Skinner D. J. Implications for GAAP from an Analysis of Positive Research in Accounting [J]. Journal of Accounting and Economics, 2010, 50 (2): 246 – 286.

[212] Kruschke J. K. , Johansen M. K. A Model of Probabilistic Category Learning [J]. Journal of Experimental Psychology: Learning, Memory, and Cognition, 1999, 25 (5), 1083 – 1119.

[213] Leisenring J. J. , Johnson L. T. Accounting Research: On the Relevance of Research to Practice [J]. Accounting Horizons, 1994, 8 (4): 74 – 79.

[214] Leventhal G. S. , Brehm J. W. An Experiment on Volition of Choice. In Explorations in Cognitive Dissonance [M]. Edited by Brehm, J. W. , and A. R. Cohen. New York: Wiley, 1962.

[215] Levitt A. The Importance of High Quality Accounting Standards [J]. Accounting Horizons, 1998, 12 (1): 79 – 82.

[216] Li J. CEO Compensation, Diversification, and Incentives [J]. Journal of Financial Economics, 2002, 66 (1): 29 – 63.

[217] Libby R. , Bloomfield R. , Nelson M. W. Experimental Research in Financial Accounting [J]. Accounting, Organizations and Society, 2002, 27 (8): 775 – 810.

[218] Libby R. , Brown T. Financial Statement Disaggregation Decisions and Auditors' Tolerance for Misstatement [J]. The Accounting Review, 2013, 88 (2): 641 – 665.

[219] Libby R. , Frederick D. M. Experience and the Ability to Explain audit Findings [J]. Journal of Accounting Research, 1990, 28 (2): 348 – 367.

[220] Libby R. , Kinney Jr W. R. Does Mandated Audit Communication Reduce Opportunistic Corrections to Manage Earnings to Forecasts? [J]. The Accounting Review, 2000, 75 (4): 383 – 404.

[221] Libby R. , Lewis B. L. Human Information Processing Research

in Accounting: The State of the Art [J]. Accounting, Organizations and Society, 1977, 2 (3): 245 – 268.

[222] Libby R., Lewis B. L. Human Information Processing Research in Accounting: The State of the Art in 1982 [J]. Accounting, Organizations and Society, 1982, 7 (3): 231 – 285.

[223] Libby R., Nelson M. W., Hunton J. E. Recognition v. Disclosure, Auditor Tolerance for Misstatement, and the Reliability of Stock-compensation and Lease Information [J]. Journal of Accounting Research, 2006, 44 (3): 533 – 60.

[224] Libby R., Rennekamp K. Self-serving Attribution Bias, Overconfidence and the Issuance of Management Forecasts [J]. Journal of Accounting Research, 2012, 50 (1): 197 – 231.

[225] Libby R., Trotman K. T. The Review Process as a Control for Differential Recall of Evidence in Auditor Judgments [J]. Accounting, Organizations and Society, 1993, 18 (6): 559 – 574.

[226] Liberman N., Trope Y. The Role of Feasibility and Desirability Considerations in Near and Distant Future Decisions: A Test of Temporal Construal Theory [J]. Journal of Personality and Social Psychology, 1998, 75 (1): 5 – 18.

[227] Lichtenstein S., Fischhoff B. Do those who know more also know more about how much they know? [J]. Organizational Behavior and Human Performance, 1977, 20 (2): 159 – 183.

[228] Lipe R. C. The Information Contained in the Components of Earnings [J]. Journal of Accounting Research, 1986 (24): 37 – 64.

[229] Lipe M. G., Salterio S. The Balanced Scorecard: Judgmental Effects of Common and Unique Performance Measures [J]. The Accounting Review, 2000, 75 (3): 283 – 98.

[230] Liversedge S. P., Meadmore K., Corck-Adelman D., et al. Eye Movements and Memory for Objects and Their Locations [J]. Studies of Psychology and Behavior, 2011, 9 (1): 8 – 15.

[231] Loewenstein G. F., Weber E. U., Hsee C. K., et al. Risk as Feelings [J]. Psychological Bulletin, 2001, 127 (2): 267 – 286.

[232] LONG J. B., Shleifer A., Summers L. H., et al. Positive Feedback Investment Strategies and Destabilizing Rational Speculation [J]. The Journal of Finance, 1990, 45 (2): 379 – 395.

[233] Lusk E. J. Cognitive Aspects of Annual Reports: Field Independence/Dependence [J]. Journal of Accounting Research, 1973 (11): 191 – 202.

[234] Maines L. A. Judgment and Decision-making Research in Financial Accounting: A Review and Analysis [J]. Judgment and Decision-making Research in Accounting and Auditing, 1995: 76 – 101.

[235] Maines L. A. The Role of Behavioral Accounting Research in Financial Accounting Standard Setting [J]. Behavioral Research in Accounting, 1994, 6 (1): 204 – 212.

[236] Maines L. A., Hand J. R. M. Individuals' Perceptions and Misperceptions of Time Series Properties of Quarterly Earnings [J]. The Accounting Review, 1996, 71 (3): 317 – 336.

[237] Maines L. A., McDaniel L. S. Effects of Comprehensive-income Characteristics on Nonprofessional Investors' Judgments: The Role of Financial-statement Presentation Format [J]. The Accounting Review, 2000, 75 (2): 179 – 207.

[238] Maines L. A., McDaniel L. S., Harris M. S. Implications of Proposed Segment Reporting Standards for Financial Analysts' Investment Judgements [J]. Journal of Accounting Research, 1997, 35 (Supplement): 1 – 24.

[239] Mandler G. Recognizing: The Judgment of Previous Occurrence [J]. Psychological Review, 1980, 87 (3), 252 – 271.

[240] Mandler G., Nakamura Y., Van Zandt B. J. Nonspecific Effects of Exposure on Stimuli that Cannot be Recognized [J]. Journal of Experimental Psychology: Learning, Memory, and Cognition, 1987, 13 (4): 646 – 648.

[241] Mariconda S., Lurati F. Does familiarity breed stability? The Role of Familiarity in Moderating the Effects of New Information on Reputation Judgments [J]. Journal of Business Research, 2015, 68 (5): 957 – 964.

［242］ Markowitz H. Portfolio Selection ［J］. The Journal of Finance, 1952, 7 (1): 77 - 91.

［243］ Maslow A. H. Motivation and Personality (revised by R. Frager, J. Fadiman, C. McReynolds, & R. Cox) ［J］. NY: Harper & Row, 1987.

［244］ Mayer R. E. Multimedia Learning ［M］. Cambridge: Cambridge University Press, 2001.

［245］ Melody Carswell C., Wickens C. D. Information Integration and the Object Display an Interaction of Task Demands and Display Superiority ［J］. Ergonomics, 1987, 30 (3): 511 - 527.

［246］ Merton R. C. A Simple Model of Capital Market Equilibrium with Incomplete Information ［J］. The Journal of Finance, 1987, 42 (3): 483 - 510.

［247］ Miele D. B., Molden D. C. Naive Theories of Intelligence and the Role of Processing Fluency in Perceived Comprehension ［J］. Journal of Experimental Psychology: General, 2010, 139 (3): 535.

［248］ Miller G. A. The Magical Number Seven, Plus or Minus two: some Limits on our Capacity for Processing Information ［J］. Psychological Review, 1956, 63 (2): 81 - 97.

［249］ Morton J R. Qualitative Objectives of Financial Accounting: A Comment on Relevance and Understandability ［J］. Journal of Accounting Research, 1974, 12 (2): 288 - 298.

［250］ Nelson K. K. Fair Value Accounting for Commercial Banks: An Empirical Analysis of SFAS No. 107 ［J］. Accounting Review, 1996, 71 (2): 161 - 182.

［251］ Nisbett R., Ross L. Human Inference: Strategies and Shortcomings of Social Judgment ［M］. Englewood Cliffs, NJ: Prentice-Hall, 1980.

［252］ Nussbaum S., Liberman N., Trope Y. Predicting the Near and Distant Future ［J］. Journal of Experimental Psychology: General, 2006, 135 (2): 152 - 161.

［253］ Oppenheimer D. M. Consequences of Erudite Vernacular Utilized Irrespective of Necessity: Problems with Using Long Words Needlessly ［J］. Applied Cognitive Psychology, 2006, 20 (2): 139 - 156.

[254] Paas F. , Tuovinen J. E. , Tabbers H. , et al. Cognitive Load Measurement as a Means to Advance Cognitive Load Theory [J]. Educational Psychologist, 2003, 38 (1): 63 – 71.

[255] Pablo A. L. , Sitkin S. B. , Jemison D B. Acquisition Decision-Making Processes: The Central Role of Risk [J]. Journal of Management, 1996, 22 (5): 723 – 746.

[256] Park C. W. , Lessig V. P. Familiarity and its Impact on Consumer Decision Biases and Heuristics [J]. Journal of Consumer Research, 1981, 8 (2): 223 – 231.

[257] Payne J. W. , Bettman J. R. , Johnson E. J. The Adaptive Decision Maker [M]. London: Cambridge University Press, 1993.

[258] Pfarrer M. D. , Pollock T. G. , Rindova V. P. A Tale of two Assets: The Effects of Firm Reputation and Celebrity on Earnings Surprises and Investors' Reactions [J]. Academy of Management Journal, 2010, 53 (5): 1131 – 1152.

[259] Pollock T. G. , Rindova V. P. , Maggitti P. G. Market Watch: Information and Availability Cascades among the Media and Investors in the US IPO Market [J]. Academy of Management Journal, 2008, 51 (2): 335 – 358.

[260] Porter M. Capital Choices: Changing the Way American Invests in Industry [J]. Journal of Applied Corporate Finance, 1992 (5): 4 – 16.

[261] Rasso J. T. Construal Instructions and Professional Skepticism in Evaluating Complex Estimates [J]. Accounting, Organizations and Society, 2015 (forthcoming).

[262] Riahi-Belkaoui A. Judgment in International Accounting: A Theory of Cognition, Cultures, Language, and Contracts [M]. New York: Quorum Books, 1990.

[263] Richardson B. , Sorensen J. , Soderstrom E. J. Explaining the Social and Psychological Impacts of a Nuclear Power Plant Accident [J]. Journal of Applied Social Psychology, 1987, 17 (1): 16 – 36.

[264] Rindova V. P. , Williamson I. O. , Petkova A. P. , et al. Being Good or being Known: An Empirical Examination of the Dimensions, Ante-

cedents, and Consequences of Organizational Reputation [J]. Academy of Management Journal, 2005, 48 (6): 1033 – 1049.

[265] Rose J. M. The Effects of Cognitive Load on Decision Aid Users [M]. Advances in Accounting Behavioral Research. Emerald Group Publishing Limited, 2002, (5): 115 – 140.

[266] Rose J. M., Norman C. S., Rose A. M. Perceptions of Investment Risk Associated with Material Control Weakness Pervasiveness and Disclosure Detail [J]. The Accounting Review, 2010, 85 (5): 1787 – 1807.

[267] Rose J. M., Roberts F. D., Rose A. M. Affective Responses to Financial Data and Multimedia: The Effects of Information Load and Cognitive Load [J]. International Journal of Accounting Information Systems, 2004, 5 (1): 5 – 24.

[268] Rose J. M., Wolfe C. J. The Effects of System Design Alternatives on the Acquisition of Tax Knowledge from a Computerized Tax Decision Aid [J]. Accounting, Organizations and Society, 2000, 25 (3): 285 – 306.

[269] Sami H., Schwartz B. Alternative Pension Liability Disclosure and the Effect on Credit Evaluation: an Experiment [J]. Behavioral Research in Accounting, 1992, 4: 49 – 62.

[270] Sarin R. K., Weber M. Risk-value Models [J]. European Journal of Operational Research, 1993, 70 (2): 135 – 149.

[271] Schipper K. Required Disclosures in Financial Reports [J]. The Accounting Review, 2007, 82 (2): 301 – 326.

[272] Schwert G. W. Anomalies and Market Efficiency [J]. Handbook of the Economics of Finance, 2003, (1): 939 – 974.

[273] Sharot T., Korn C. W., Dolan R. J. How Unrealistic Optimism is Maintained in the Face of Reality [J]. Nature Neuroscience, 2011, 14 (11): 1475 – 1479.

[274] Sharpe W. F. Capital Asset Prices: A Theory of Market Equilibrium under Conditions of Risk [J]. The Journal of Finance, 1964, 19 (3): 425 – 442.

[275] Sherman S. J, Beike D. R., Ryalls K. R. Dual-processing Accounts of Inconsistencies in Responses to General Versus Specific Cases [J].

Dual-process Theories in Social Psychology, 1999: 203 – 230.

[276] Shiller R. J. From Efficient Markets Theory to Behavioral Finance [J]. Journal of Economic Perspectives, 2003, 17 (1): 83 – 104.

[277] Shleifer A. , Summers L. H. The Noise Trader Approach to Finance [J]. The Journal of Economic Perspectives, 1990 (4): 19 – 33.

[278] Siegrist M. , Gutscher H. , Earle T. C. Perception of Risk: The Influence of General Trust, and General Confidence [J]. Journal of Risk Research, 2005, 8 (2): 145 – 156.

[279] Simon M. , Houghton S. M. , Aquino K. Cognitive Biases, Risk Perception, and Venture Formation: How Individuals Decide to Start Companies [J]. Journal of Business Venturing, 2000, 15 (2): 113 – 134.

[280] Simon H. A. Models of Man [M]. New York: Wiley, 1957.

[281] Sitkin S. B. , Pablo A. L. Reconceptualizing the Determinants of Risk Behavior [J]. Academy of Management Review, 1992, 17 (1): 9 – 38.

[282] Sitkin S. B. , Weingart L. R. Determinants of Risky Decision-Making Behavior: A Test of the Mediating Role of Risk Perceptions and Propensity [J]. Academy of Management Journal, 1995, 38 (6): 1573 – 1592.

[283] Skowronski J. J. , Carlston D. E. Negativity and Extremity Biases in Impression Formation: A Review of Explanations [J]. Psychological Bulletin, 1989, 105 (1): 131 – 142.

[284] Slovic P. From Shakespeare to Simon: Speculations and Some Evidence about Man's Ability to Process Information [M]. Oregon Research Institute, 1972.

[285] Slovic P. Perception of Risk [J]. Science, 1987, 236 (4799): 280 – 285.

[286] Slovic P. , Finucane M. L. , Peters E. , et al. Risk as Analysis and Risk as Feelings: Some Thoughts about Affect, Reason, Risk, and Rationality [J]. Risk analysis, 2004, 24 (2): 311 – 322.

[287] Sniezek J. A. , Henry R. A. Accuracy and Confidence in Group Judgment [J]. Organizational Behavior and Human Decision Processes,

1989, 43 (1): 1 –28.

［288］Snodgrass J. G. , Vanderwart M. A Standardized Set of 260 Pictures: Norms for Name Agreement, Image Agreement, Familiarity, and Visual Complexity ［J］. Journal of Experimental Psychology: Human Learning and Memory, 1980, 6 (2): 174 –215.

［289］Sowby F. D. Radiation and Other Risks ［J］. Health Physics, 1965, 11 (9): 879 –887.

［290］Speidell L. , Wilcox J. W. Emerging Stock Market Investment ［M］. New York: Handbook of Finance, 2008.

［291］SRI International. Investor Information Needs and the Annual Report ［M］. Morristown, NJ: Financial Executives Research Foundation, 1987.

［292］Starr C. Social Benefit Versus Technological Risk ［J］. Readings in Risk, 1969: 183 –194.

［293］Stracca L. Behavioral finance and asset prices: Where do we Stand? ［J］. Journal of Economic Psychology, 2004, 25 (3): 373 –405.

［294］Strong N. , Xu X. Understanding the Equity Home Bias: Evidence from Survey Data ［J］. Review of Economics and Statistics, 2003, 85 (2): 307 –312.

［295］Strunk D. R. , Lopez H. , DeRubeis R. J. Depressive Symptoms are Associated with Unrealistic Negative Predictions of Future Life Events ［J］. Behaviour Research and Therapy, 2006, 44 (6): 861 –882.

［296］Swaminathan S. The Impact of SEC Mandated Segment Data on Price Variability and Divergence of Beliefs ［J］. Accounting Review, 1991, 66 (1): 23 –41.

［297］Sweller J. Cognitive Load during Problem Solving: Effects on Learning ［J］. Cognitive Science, 1988, 12 (2): 257 –285.

［298］Sweller J. Cognitive Technology: Some Procedures for Facilitating Learning and Problem Solving in Mathematics and Science ［J］. Journal of Educational Psychology, 1989, 81 (4): 457 –466.

［299］Sweller J. , Chandler P. , Tierney P. , et al. Cognitive Load as a Factor in the Structuring of Technical Material ［J］. Journal of Experimental

Psychology: General, 1990, 119 (2): 176 – 192.

[300] Sweller J. , Van Merrienboer J. J. G. , Paas F. G. W. C. Cognitive Architecture and Instructional Design [J]. Educational Psychology Review, 1998, 10 (3): 251 – 296.

[301] Tan H . T, Wang E. Y. , Zhou B. When the Use of Positive Language Backfires: The Joint Effect of Tone, Readability, and Investor Sophistication on Earnings Judgments [J]. Journal of Accounting Research, 2014, 52 (1): 273 – 302.

[302] Tan H. T. , Wang E. Y, Zhou B. How does Readability Influence Investors' Judgments? Consistency of Benchmark Performance Matters [J]. The Accounting Review, 2014, 90 (1): 371 – 393.

[303] Tan S. K. , Koonce L. Investors' Reactions to Retractions and Corrections of Management Earnings Forecasts [J]. Accounting, Organizations and Society, 2011, 36 (6): 382 – 397.

[304] Tarmizi R. A. , Sweller J. Guidance during Mathematical Problem Solving [J]. Journal of Educational Psychology, 1988, 80 (4): 424 – 436.

[305] Taylor S. E. Asymmetrical Effects of Positive and Negative Events: the Mobilization-minimization Hypothesis [J]. Psychological Bulletin, 1991, 110 (1): 67 – 85.

[306] Thaler R. H. Mental accounting matters [M] . Russell Sage Foundation. Princeton, NJ: Princeton University Press, 2004.

[307] Thayer J. Determinants of Investors' Information Acquisition: Credibility and Confirmation [J]. The Accounting Review, 2011, 86 (1): 1 – 22.

[308] Tourani – Rad A. , Kirkby S. Investigation of Investors' Overconfidence, Familiarity and Socialization [J]. Accounting & Finance, 2005, 45 (2): 283 – 300.

[309] Trope Y. , Liberman N. Construal-level Theory of Psychological Distance [J]. Psychological Review, 2010, 117 (2): 440 – 463.

[310] Trope Y. , Liberman N. Temporal Construal [J]. Psychological Review, 2003, 110 (3): 403 – 421.

［311］ Trotman K. T. Design Issues in Audit JDM Experiments ［J］. International Journal of Auditing, 2001, 5 (3): 181 – 192.

［312］ Trotman K. T. Research Methods for Judgment and Decision Making Studies in Auditing ［M］. Coopers & Lybrand and Accounting Association of Australia and New Zealand, 1996.

［313］ Trotman K. T., Tan H. C., Ang N. Fifty-year Overview of Judgment and Decision-making Research in Accounting ［J］. Accounting & Finance, 2011, 51 (1): 278 – 360.

［314］ Tversky A., Heath C. Preferences and Beliefs: Ambiguity and Competence in Choice under Uncertainty ［J］. Journal of Risk and Uncertainty, 1991, 4 (1): 5 – 28.

［315］ Tversky A., Kahneman D. Advances in Prospect Theory: Cumulative Representation of Uncertainty ［J］. Journal of Risk and Uncertainty, 1992, 5 (4): 297 – 323.

［316］ Tversky A., Kahneman D. Rational Choice and the Framing of Decisions ［J］. Journal of Business, 1986, 59 (4): S251 – S278.

［317］ Tversky A., Kahneman D. The Framing of Decisions and the Psychology of Choice ［J］. Science, 1981, 211 (4481): 453 – 458.

［318］ Unser M. Behavioral Finance am Aktienmarkt: Empirische Analysen zum Risikoverhalten Individueller Anleger ［M］. Uhlenbruch, 1999.

［319］ Vallacher R., Wegner D. What do people think they're doing? Action Identification and Human Behavior ［J］. Psychological Review, 1987, 94 (1): 3 – 15.

［320］ Venkatachalam M. Value-relevance of Banks' Derivatives Disclosures ［J］. Journal of Accounting and Economics, 1996, 22 (1): 327 – 355.

［321］ Walther B. R. Investor Sophistication and Market Earnings Expectations ［J］. Journal of Accounting Research, 1997, 35 (2): 157 – 179.

［322］ Wang M., Keller C., Siegrist M. The less you know, the more you are afraid of—a Survey on Risk Perceptions of Investment Products ［J］. Journal of Behavioral Finance, 2011, 12 (1): 9 – 19.

［323］ Weber E. U. A Descriptive Measure of Risk ［J］. Acta Psychologica, 1988, 69 (2): 185 – 203.

[324] Weber E. U. From Subjective Probabilities to Decision Weights: The Effect of Asymmetric loss Functions on the Evaluation of Uncertain Outcomes and Events [J]. Psychological Bulletin, 1994, 115 (2): 228 – 242.

[325] Weber E. U. Risk: Empirical Studies on Decision and Choice [J]. In International Encyclopedia of the Social and Behavioral Sciences, N. J. Smelser and P. B. Bates (Eds), 2001 (13): 347 – 351.

[326] Weber E. U. , Blais A. R. , Betz N. E. A Domain-specific Risk-attitude Scale: Measuring Risk Perceptions and Risk Behaviors [J]. Journal of Behavioral Decision Making, 2002, 15: 263 – 290.

[327] Weber E. U. , Hsee C. K. Models and Mosaics: Investigating Cross-cultural Differences in Risk Perception and Risk Preference [J]. Psychonomic Bulletin & Review, 1999, 6 (4): 611 – 617.

[328] Weber E. U. , Hsee C. Cross-cultural Differences in Risk Perception, but Cross-cultural Similarities in Attitudes towards Perceived Risk [J]. Management Science, 1998, 44 (9): 1205 – 1217.

[329] Weber E. U. , Milliman R. A. Perceived Risk Attitudes: Relating Risk Perception to Risky Choice [J]. Management Science, 1997, 43 (2): 123 – 144.

[330] Weber E. U. , Shafir S. , Blais A. R. Predicting Risk Sensitivity in Humans and Lower Animals: Risk as Variance or Coefficient of Variation [J]. Psychological Review, 2004, 111 (2): 430 – 445.

[331] Weber E. U. , Siebenmorgen N. , Weber M. Communicating Asset Risk: how name Recognition and the Format of Historic Volatility Information Affect Risk Perception and Investment Decisions [J]. Risk Analysis, 2005, 25 (3): 597 – 609.

[332] Weinstein N. D. Unrealistic Optimism about Future Life Events [J]. Journal of Personality and Social Psychology, 1980, 39 (5): 806 – 820.

[333] Wickens C. D. , Andre A. D. Proximity Compatibility and Information Display: Effects of Color, Space, and Objectness on Information Integration [J]. Human Factors: The Journal of the Human Factors and Ergonomics Society, 1990, 32 (1): 61 – 77.

［334］ Wickens C. D. , Carswell C. M. The Proximity Compatibility Principle: its Psychological Foundation and Relevance to Display Design ［J］. Human Factors: The Journal of the Human Factors and Ergonomics Society, 1995, 37 (3): 473 –494.

［335］ Wilkins T. , Zimmer I. The Effect of Leasing and Different Methods of Accounting for Leases on Credit Evaluations ［J］. Accounting Review, 1983, 58 (4): 749 –764.

［336］ Williams D. J. , Noyes J. M. How does our Perception of Risk Influence Decision-making? Implications for the Design of Risk Information ［J］. Theoretical Issues in Ergonomics Science, 2007, 8 (1): 1 –35.

［337］ Wood J. V. What is Social Comparison and how should we study it? ［J］. Personality and Social Psychology Bulletin, 1996, 22 (5): 520 –537.

［338］ Woodworth R. S. Dynamic Psychology ［M］. In C. Murchison (Ed.), Psychologies of 1925. Worcester, MA: Clark University Press, 1928.

［339］ Zacks R. T. , Hasher L. , Sanft H. Automatic Encoding of Event Frequency: Further Findings ［J］. Journal of Experimental Psychology: Learning, Memory, and Cognition, 1982, 8 (2): 106.

［340］ Zajonc R. B. Attitudinal Effects of Mere Exposure ［J］. Journal of Personality and Social Psychology, 1968, 9 (2): 1 –27.

［341］ Zajonc R. B. Feeling and Thinking: Preferences Need no Inferences ［J］. American Psychologist, 1980, 35 (2): 151 –175.

［342］ Zajonc R. B. Emotions ［J］. In D. Gilbert, S. Fiske, & G. Lindzey (Eds.), Handbook of Social Psychology (Vol. 1, pp. 591 –632). NewYork: Oxford University Press, 1998.

［343］ Zhou R. , Pham M. T. Promotion and Prevention across Mental Accounts: When Financial Products Dictate Consumers& Investment Goals ［J］. Journal of Consumer Research, 2004, 31 (1): 125 –135.

［344］ Zuckerman M. Sensation Seeking: beyond the Optimal Level of Arousal ［M］. Hillsdale, NJ: Lawrence Erlbaum Associates, 1979.